沖縄古伝
剛柔流拳法で解く！

# 空手の不思議

剛柔流拳法師範
佐藤哲治

BAB JAPAN

# はじめに

今や全世界で1億3000万人もの愛好者がいるとも言われる日本武道の空手。しかし、空手の型や基本稽古の動作には、素人目に見ても一見不合理に見えるような動きが溢れており、初級者、上級者を問わず、誰もが何かしらの疑問を抱いたことがあるのではないでしょうか。

「正拳突きはなぜ脇まで引いて突くの？　…そんなことしていたらやられてしまうんじゃない？」「空手の基本の受け技って本当に使えるの？　…格闘技の試合を見ても、誰もそんな受け方はしていないけど」「型を稽古して本当に強くなれるの？　…そんな時間があれば、組手やミット打ちをしたほうが強くなれるんじゃない？」

先生に聞いてもどうも釈然としない。1万回やればわかるかも…などと自分を納得させつつ、結局指導者になってもわからないまま、生徒に問われると答えに窮してしまう。そんなことが、空手の世界には多々あるようです。

私自身、そうした疑問を持つ者の一人でした。そんな疑問に対して明確に答え、空手の本当の面白さ、凄さを教えてくださったのが、剛柔流拳法・久場《くば》良男《よしお》範士十段です。そんな師匠に初めてお会いした日のことは、今でも強烈に私の脳裏に焼きついています。

今から約15年前、学生時代からフルコンタクト系の空手を学んでいた私は、30代半ばに差し掛かかり、競技生活もぼちぼちかなといった時期に入っていました。

試合のための稽古に夢中になっていた頃は、それはそれでとても充実したものだったのですが、試合という目標がなくなった時、ふと感じたのです。これからは何を目指して空手をやっていったらいいのだろうか、と。

強くなりたいから空手を始めた。才能がないことは別にして、できればこれを究めたいと思っていた。しかし、競技に主眼を置いた時、年齢的にもそれが難しいのなら、空手を続ける意味があるのだろうか。

日本武道という言葉には、年齢に関わらず向上していける何かが秘められているような響きがあったが、自分にはそうしたことが見つけられなかった。結局は他のスポーツと同様、いつかは引退がやってくる…。

自分の空手生活もこのあたりまでかな、などと半ばあきらめかけていた。そんな時に現れたのが久場良男師だったのです。

沖縄の隠れた達人が型に隠された技を公開するというそのセミナー。講師として現れたのが久場良男師、そして久場門下における筆頭師範の新城孝弘師でした。当時、久場師は60歳くらい、新城師は50歳くらいだったと思います。

セミナーには、明らかに只者ではない屈強な人たちから、既に道場を持たれている先生方まで、多くの方々が参加していました。そうした中、セミナーは基本稽古から始まりました。

なんだ、沖縄の珍しい技の紹介ではなく基本稽古か、と思いきや、最初の正拳上段突きから大きな衝撃を受けさせられます。先生の正拳突きが見えない！　でも驚くのはまだ早いのです。次の正拳中段突き。「ごめんね」と言いながら軽く突いただけなのに、屈強な大男が腹を抱えて悶絶する…。逆に大男が思い切り踏ん張って先生の腹を突いても、先生はにこにこしている！ 60歳を越えているんでしょ？

しかもその言葉が凄い。「上段揚げ受け？ それはただの筋肉運動です」「中段受けをやってごらん。あなたのやっているのは、受けではなく中段打ちですね」、正に一刀両断。

そう言いながら、大男たちの肘を極めては投げ、手首を取っては投げる。そして見たこともない形に固められた大男は身動きができない。先生は相変わらずにこにこしながら、身動きできない大男の様々な急所を指で押さえると、相手は悲鳴を上げて悶絶する…。

それは、これまで競技としての空手道の中では見たこともない技の数々でした。神技とはこのことかと思いました。そして、それは全て型に含まれる技だという…。

指導を補佐する新城先生も物凄い！ 突き蹴り一つ取っても、尋常ではないその速さ。今まで見てきたものとは、明らかに質が違うのです。

「これだ！ 本来の空手とは、こうして年齢を重ねても衰えるものではない。というより、年齢を重ねて稽古を積めば積むほどに磨き上げられていくものなのだ！」

久場師の空手に魅了された私は、その後10年あまりの間に30回以上沖縄に渡り、また、年に2回は自らの住む静岡県御殿場市に師匠を招き、剛柔流拳法を学んできました。師匠がやって来ると聞けば、北海道でも東京でも大阪でも追い掛けていきました。ヨーロッパやインドにまでついていきました。

師匠の言葉の一つひとつが、それまでは決して触れることのできなかった、発祥地の沖縄に残る技の神髄であり、そうした技が形成された歴史であり、その心を伝えるものでした。

一度は空手というものに限界を感じていた私ですが、久場師に出会うことができたおかげで、50代を迎えようとする今も、稽古を積むほどに技術が伸びていくことを実感し、日々楽しく稽古を続けています。

少しでも師匠の域に近づきたい。そんな目標のためには、これからもずっと空手を続けていくことになるでしょう。空手を諦めなくて本当によかったと心から思います。

2020年の東京オリンピックでは、空手道が正式種目に採用されました。競技スポーツとしての空手道は一層広まっていくことでしょう。これは大変素晴らしいことです。沖縄に武術として発祥した空手は、日本全国、そして海外へと普及する中で、誰もが安全に楽しめる競技スポーツへと変化しながら爆発的に広まりました。

しかし一方、沖縄で伝承されてきた武術としての空手の技術は、失われつつあるという現状があります。先人たちが時代を超えて受け継いできたその技術。年齢を重ねるほどに向上していける、学ぶ者の人生を豊かにしてくれる発祥の地の空手。

本書では、空手発祥の地、沖縄の伝統空手、剛柔流拳法を通じて、空手を学ぶ者誰もが抱くであろう疑問について、解き明かしていきたいと思います。

# 序章

# 剛柔流拳法とは何か？

# 剛柔流拳法の系譜

剛柔流拳法、あるいは剛柔流空手拳法と言ってもいいですが、これは一般に言う剛柔流空手とは違うのでしょうか？　答えるならば、違いはありません。しかし、剛柔流の流祖・宮城《みやぎ》長順《ちょうじゅん》師は、その著述の中にもある通り「剛柔流唐手拳法」、あるいは「剛柔流拳法」としていました。

現在世界に広まった空手においては、競技という形態が普及し、もっと言えば競技そのものが空手であると認識され、そのルールに沿って技術が変化しています。

そうした中では、仮に流派と言っても、その特徴を活かした技術を使っているのではなく、その流派に伝わる型を演武しているものをその流派名で呼ぶという状況にあるように見えます。組手競技の中に、流派としての技法の特徴が色濃く出ているようには見受けられません。根幹となるべき型に秘められた技術も、組手競技という共通フォーマットの中にあっては、そのルールに沿ったものに変化していくのは必然でしょう。

そうした中、空手発祥の地、沖縄で武術として伝承されてきた剛柔流本来の技術を、広く公開したのが久場良男師です。沖縄の空手は、その武術としての性質上、誰にでも教えるものではなく、

久場良男師（前列中央）を御殿場に招いて

その人格、技量など、伝える相手を選んだといいます。

ここで、「武術としての性質上」という意味は、人格の伴わない者に教えるのは危険だということもあるでしょうし、自らの技を知られると、実際の戦いの場面で不利になるということもあるでしょう。

ルールに守られた戦いではなく、いつ、どこで、誰と、そしてどんな武器を持った相手と戦うかもわからない。そんな実際の戦いを想定した中で育まれた武術としては、やはり人前で技を見せるということには積極的ではなかったはずです。

昔の空手家は、自分が空手を学んでいるということを人には言わなかったといいます。仮に人前で演武をする場合でも、どこかの技を省略するなど、本当の技は見せなかったといいます。

そうした武術として生まれた空手本来の特性に加え、現代になって、体育、そして誰もが安全に楽しむことができる競技スポーツとして普及していく中で、危険な技が取り除かれていったということもあるでしょう。

こうした様々な背景により、現在、国内、そして世界に広く普及した空手道においては、発祥の地、沖縄で武術として伝承された空手本来の技術はあまり伝わっておらず、競技化の進展とともに、それらの技術は一層失われつつあるという現状があります。

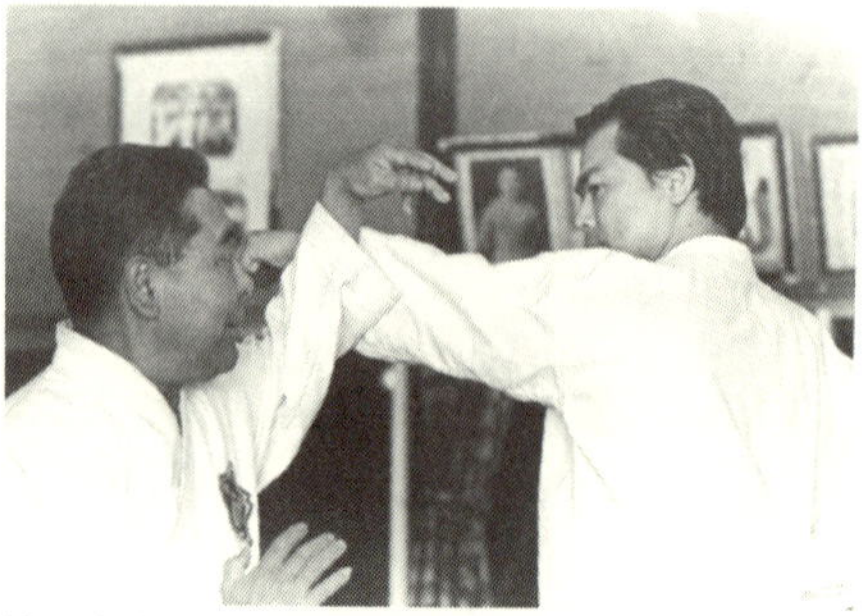

渡口政吉師（左）と久場良男師（右）。1974年頃

こうしたことに対する危機感は、発祥地の沖縄でももちろんあったことでしょう。しかし、武術としての伝統を重んずる沖縄の先生方の多くは、それでもその技術を積極的に公開していくということには抵抗があったようです。久場師もその一人でした。

久場良男師は、渡口政吉《とぐちせいきち》師から教えを受けた先生です。そして渡口師は、中国福建省から拳法を持ち帰った東恩納《ひがおんな》寛《かん》量《りょう》師、そして剛柔流の流祖となった宮城長順師の両師に師事した比嘉《ひが》世幸《せこう》師の弟子にあたる方です。

久場師も、そうして連綿と受け継がれてきた技術について、表に出すということは考えておらず、隠れ武士のように、自らの技術を墓場まで持っていこうと考えていたといいます。

そんな昔気質の久場師に、その技術の公開を進言されたのが新城孝弘師でした。新城師は、もともとは泊手を當真正貴師に師事し、首里手を喜瀬富盛師、さらに本土で日本空手協会の空手を学び、那覇手剛柔流を久場良男師、そして各師からそれぞれ古武道を学びました。

首里手、泊手、那覇手という沖縄空手の三大系統と沖縄の古武道をいずれも一流のレベルにまで錬磨し、さらに本土の空手にも精通するという、久場門下においても随一の実力を持つ達人です。

職業としても道場経営で身を立てられており、主宰する拳龍同志会においては、競技空手の世界でも、門下生が全国中学生空手道選手権大会団体形3連覇を含む、数々の偉業を成し遂げています。

そうした国内の空手事情にも精通する新城師は、競技化の進展に伴い、空手本来の技術が失われていくことを危惧されました。そこで、師匠であり、沖縄でも剛柔流随一の実力者として秘かに知られる久場良男師に、その技術の公開を進言されたのです。

沖縄にて久場良男師（左）、新城孝弘師（右）と

久場師はこの話を聞いた時、自分の空手は自分一代で終わっていいと固辞されたといいます。しかし新城師は、「今ここで本来の技術を公開しないと、長い歴史の中で受け継がれてきた沖縄の武術としての空手技術は、いつか失われてしまうことでしょう。師匠のお気持ちはごもっともですが、どうか本物の技術を残していく決心をしていただけないでしょうか」と説得をされたといいます。

最初は頑なであった久場師も、新城師の真剣な説得に遂に決心をし、剛柔流の型に隠された武術としての技術の公開を決意されたものです。

そして、自ら伝承する技術の公開に際しては、これを「剛柔流拳法」として公開されました。これは、剛柔流の流祖・宮城長順師が、かつて「剛柔流唐手拳法」あるいは「剛柔流拳法」と言ったことに由来します。

思うに、競技スポーツとしての空手道とは異なる、発祥地の沖縄で連綿と受け継がれてきた武術としての空手ということを明確にするために、そうした言葉を選ばれたのでしょう。

よって、剛柔流空手も剛柔流拳法も同じものです。本書においては、広く剛柔流空手一般に共通するであろう事項について記載する際は、単に「剛柔流」と表記し、渡口政吉師の流れにある久場良男師の剛柔流に特徴的な事項について記載する際は、「剛柔流拳法」と表記することとします。

新城孝弘師（左）は久場門下の筆頭師範であり、泊手、首里手、本土の空手、競技空手にも通じている

筆者は久場良男師に学ぶ者であり、他の剛柔流会派の技術について精通している者ではありません。よって、自ずと「剛柔流拳法」と表記することが多くなると思います。

そして、本書に記載する内容は、筆者が久場師に指導を受けた剛柔流拳法に基づくものですが、筆者にとっての幸運は、新城孝弘師にも教えを受けていることです。新城師は、既述の通り首里手、泊手、那覇手のいずれをも高度に修練され、それらを含めた上で、泊手系を中心とした技術体系によって後進の指導に当たられています。

剛柔流久場門下の筆頭師範が泊手の達人ということになりますが、久場師の考えとして、流派にとらわれず、沖縄の空手を研究し、高め合うことが大切だということから、自らの会派名を「沖縄空手道拳法会」とされています。

そもそも沖縄の空手に流派というものはなく、首里手、泊手、那覇手の呼び名にしても、単に首里の地で修練されているものを首里手、泊の地で修練されているものを泊手、那覇の地で修練されているものを那覇手と言ったに過ぎません。

よって本来は、今でいう首里手系の技術が那覇の地で伝承されていれば、それは那覇手であり、その逆もしかりというのがもともとの言い方です。そうした背景を踏まえても、沖縄空手道拳法会という会派名は、久場師の空手理念を言い当てたものであると思います。

ただし、現在では一般に、首里手は小林流、少林流、少林寺流、松林流などの系統を指し、那覇手は主として剛柔流のことを指すものとして定着しており、首里手（泊手を含む）と那覇手では、修練する型を含め、その特徴の違いが明確に表れています。

本書は、この那覇手に分類される剛柔流拳法の立場から、空手の疑問に迫っていくものです。

いずれにしても、本書は筆者が久場良男師に学んだ教えをもとに記していくものですが、教えというものは、それを受ける者の資質やレベルに応じてとらえ方が変わってくることがあります。その意味で、本書に記す内容についての責任は筆者にあるということを明確にした上で、筆を進めさせていただくこととします。

< 剛柔流拳法の系譜 >

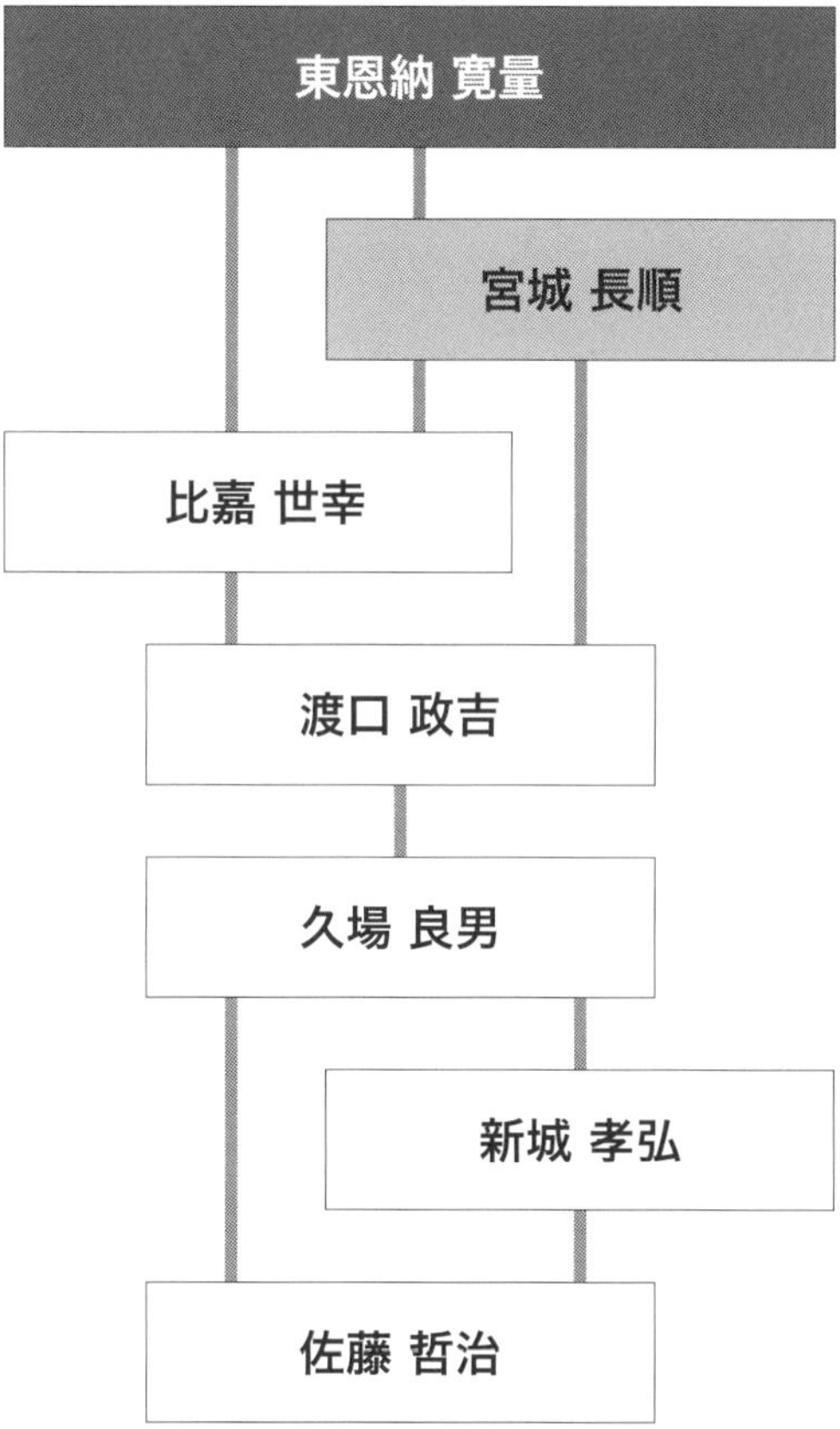


※本書に記す技術の系統を示したもの

# 剛柔流拳法の特徴

既述の通り、本書に記す剛柔流拳法とは、渡口政吉師から久場良男師へと受け継がれた剛柔流の一系統を表すものです。

ここでは、本編に入る前に説明しておくべき剛柔流拳法の特徴について、身体操作、技術、上達システムの点から紹介します。

## ●身体操作（チンクチ、ガマク）

沖縄空手の身体操作を学ぶ上でしばしば出てくる言葉に、チンクチ、ガマクというものがあります。イメージを掴むため、誤解を恐れず大雑把に言うとするならば、ガマクは腰回り、チンクチは背中や脇の筋肉といったヒットマッスルを指すといえるでしょう。

そしてその使い方に係る表現として、腰の使い方については「ガマクを入れる、抜く」、ヒットマッスルの使い方については「チンクチを掛ける、チンクチが外れる」などという言い方がされます。

型の中でのチンクチの締めを筆者に指導する久場師（左）

しかし、これらは別々のものではなく、いずれも関連するものです。例えばチンクチの使い方ができていても、ガマクの入れ抜きが適切に伴っていなければ、有効な、つまり威力のある技にはなりません。同じように、いくらガマクの使い方が上手でも、チンクチが適切に掛かっていなければ、威力のある技にはなりません。

これらが有効に連関し、体幹部をしっかりと使うことで全身の力が一つに集約されると、非常に大きな威力につながります。言い方を変えれば、チンクチ、ガマクの養成とは、体幹部の養成、これにより全身の力を一つに集約できる体の軸を作るもの。空手が有する大きな威力は、ここから発生すると言うことができるでしょう。

また、それは突き蹴りに限らず、投げ技、極め技、外し技、固め技、その他の型の中に秘められた様々な技を実用していく際の源となり、どんなに型の分解や様々な解釈を習ったとしても、チンクチ、ガマクができていない場合には、その技を実用していくことは難しいものとなります。

空手修練の基本となる型稽古の意義には、まず第一にこのチンクチ、ガマクといった体幹部を養成することがあります。よって、その型が美しいかどうかといったことは二の次というか、あまり重要なことではありません。

剛柔流の流祖である宮城長順師は、型を指導する際、多少見栄えが悪くとも正しいチンクチ、ガマクの使い方ができていれば「よし」と言い、上手な型を演じても、これらの正しい使い方ができていなければ「だめだ」と言ったといいます。

また、見栄えを気にしていなくても、正しい筋肉の使い方に基づいた型は、自然と美しくなるものです。

チンクチ、ガマクについては別に章を設けてさらに触れていきますが、剛柔流拳法においては、全ての技の基礎となるこのチンクチ、ガマクの養成に重きを置いて稽古していきます。

## ◉技術の特徴1 「裏分解と歩方」

空手の型の実用法、分解については、様々な解釈があるようです。しかし、我が国を含め、世界で見受けられる型の解釈には首をかしげたくなるものも多く、どう見ても見た目の型の動きにこじつけで解釈をつけたものもあるようです。これは、その解釈を伝える組織の大小、有名無名には関わりません。

世界に広く空手が普及していると言っても、残念ながらこのレベルで広がっているという側面もあるようです。

久場師が剛柔流拳法の技術公開を決意された背景には、こうしたことに対する思いがあったのかもしれません。久場師は、剛柔流拳法における型に秘められた技の実際の使い方を、「裏分解」という呼び方で公開されました。渡口師系の剛柔流においては、型の解釈に課題を与え、口伝をもとに自ら学び工夫する習慣を「解裁」と言いましたが、裏分解とはこの解裁と同義であると言えるかもしれません。

武術として伝承された沖縄の空手においては、流派を問わず、多かれ少なかれ、人前で見せる場合の表の技術と、表に対しては裏とも言える、人には見せない本来の戦いの技術があります。

そしてその技術は、全て型の中に含まれている技術です。しかし、それを知識として知っていても、それだけで使えるようになるわけではありません。型に隠された技術を使えるようにしていくためには、前記したチンクチ、ガマクの養成が重要になります。

その上で、型から取り出した技に一定の調整を加えなければなりません。その際に必要になってくることの一つが、剛柔流拳法における「歩方」、すなわち足捌きです（「歩方」は「歩法」に同じ。剛柔流拳法ではこの表記を用いる）。

剛柔流拳法においては、型「撃砕第1」の冒頭に出てくる後ろ足から動く歩方を徹底して稽古させるとともに、型から取り出した5つの基本歩方を学ぶことで、型に含まれる技を実用していくための基本を学んでいきます。

これらの歩方については、本書関連DVD『沖縄古伝　剛柔流拳法　型を活かす稽古法』で解説していますが、本書では第3章において、撃砕の型に示す後ろ足から動く歩方の一端について触れていきます。

歩方（歩法）を学び、型に含まれた技を実用化する

## ◉技術の特徴2「取手、ツボ、捻り」

### ①取手

久場良男師の師匠は、渡口政吉師です。渡口政吉師は、比嘉世幸師及び剛柔流流祖・宮城長順師の両師に学ばれましたが、久場師まで継承される剛柔流拳法の技術には、比嘉師系統の技術が色濃く残っているようです。

比嘉師系統の剛柔流においては、取手技の発達に特徴が見られます。これに関して、沖縄に伝わる一つの伝承を紹介します。

琉球王国時代末期から昭和初期の武人に、金城松、通称マチャー文徳という武人がいました。マチャーとは松のことですが、文徳という通称からして、武術だけでなく、学問と徳を兼ね備えた人物であったものと偲ばれます。

そんな文徳翁の武名を聞いた若き日の宮城長順師と比嘉世幸師、新里仁安師の3人は、その実力を試してみようと文徳翁宅を訪ねたものの、その意図を察した文徳翁は不在を装って争いを避けようとしましたが、最終的には面会することとなりました。

3人が武術の奥義について問うたところ、文徳翁はカチャーシーのような舞いを舞ったといいます。若くて血気盛んだった新里師は、ばかにされたと思って飛び掛かっていったところ、その舞いの動きで瞬間的に投げ飛ばされてしまったとのことです。

次に比嘉師が挑んでいったところ、これも同じく取手技によって投げ飛ばされてしまいました。まさに舞いのような動作の中に奥義が隠されていたわけですが、この経験以来、比嘉師は取手技を深く研究されたといいます。こうしたことから、比嘉世幸師系の剛柔流には、今も取手技が多く残されることとなったと伝えられています。

## ②ツボ

剛柔流拳法は、この比嘉師系の流れにあることから、もともと取手技が多く伝承されています。加えて、久場師が鍼灸師のお仕事をされてきたということが、剛柔流拳法における取手技を含む技術の特徴に大きな影響を与えています。

久場師が鍼灸治療のお仕事を中心にされていた頃は、朝から晩まで治療院の前に並ぶ人の列が途切れることはなかったといいます。そうした職業を通じて、人体のツボ、すなわち急所を熟知する久場師が公開した剛柔流拳法型の裏分解には、特にセーパイやシソーチンなど、ツボのとらえ方を随所に織り込んだ技術が見られます。

「ツボ」をとらえた取手技

人体には多くのツボがありますが、武術で使うツボは30か所程度とされます。ただし、ツボに対する技法の多くは、もちろんピンポイントでツボを押さえる場合もあるでしょうが、基本的には「だいたいそのあたり」というとらえ方で伝えられています。

このように、チンクチ、ガマクといった体幹部の養成の上に成り立つ取手技、それをさらに効果的していくためのツボのとらえ方、あるいは、攻めの対象そのものとしてのツボというものが、剛柔流拳法を学ぶ中で特徴的に表れてきます。

### ③捻り

これらとともに重要になるのが捻りの技術です。捻りの技術にも、前腕の捻りなどの部分的な捻りから、体幹部を中心とした全身の捻りまで多岐にわたります。

全身の捻りを使った突きと受け

部分的な捻りについては、当然全身の力と結びつきながら、型に含まれるほとんどの挙動の中で、欠かせない動きになっています。

体幹部を中心とした全身の捻りについては、剛柔流ではシソーチン、クルルンファなどの伝統型の中で特徴的に表れてきます。加えて剛柔流拳法においては、撃破、鶴破といった渡口政吉師が創作された型が伝承されており、比較的初級の段階から体幹部を中心とした全身の捻りについて学んでいきます。

取手技に限らず、打撃技においても有効に働く捻りの技術は、剛柔流拳法でとても重視される技術です。

## ◉段階に応じた上達システム

流派というものが成立するためには、一定のシステムに従えば、誰もが順を追ってレベルアップしていけるような上達システムの存在が不可欠になります。

剛柔流拳法においては、基本動作一つ取っても、初級者と上級者では、力の取り方はもとより、技の挙動そのものまで必要に応じて変化します。一般に鋳型として変えてはならないとされる型でさえも、学ぶ者のレベルに応じてその動作が変化します。

初級の段階ではしっかりと握れと言われたことが、上級の段階では握るなと言われる。また、初級の段階では引けと言われたことが、上級の段階では引くなと言われる。このように、初級と上級で全く反対の指導を受けることも多いのです。

一見矛盾しているように見えるかもしれませんが、こうしたことは、学ぶ者がレベルに応じ、段階を追って効率的、効果的に技術を習得していくためのシステムなのです。剛柔流拳法には、そのような上達システムが明確に存在します。このことは、本書全般を通じて記していきます。

以上、本編に入る前提として、剛柔流拳法の特徴について紹介させていただきました。以降は、空手一般の基本稽古体系に沿いながら、それぞれの動作に関わる疑問点などについて、剛柔流拳法の視点から解き明かしていくことと致しましょう。

初級者と上級者では、基本動作の指導内容も異なる

# 第1章

# 「突き」の不思議

# 正拳上段突きは存在しない？

「正拳上段突き」と言うと、一撃必殺、まさに空手の代名詞として、最も基本的かつ重要な技術として知られています。しかし、もし「空手に正拳上段突きはない」と言われたらどうでしょうか？　空手を学んでいるいないに関わらず、「そんな馬鹿な！」と思われることでしょう。

確かにその通り。空手一般に正拳上段突きは存在します。しかし古伝の剛柔流においては、上段（顔面・頭部）は、正拳で攻撃するものではありませんでした。指先や掌底等の開手を中心に、あるいは指関節をつき立てる鶏口拳《けいこうけん》等のコーサーと呼ばれる特殊な握りなどにより、攻撃するものでした。

では、なぜ上段に正拳突きを使わないのでしょうか？　それは、古伝の剛柔流が武術だからです。一定のルールの中で技を競い合う現代の競技スポーツとしての空手道と異なり、武術においては、いかに効率的、効果的に相手を制するかが重要になります。

正拳上段突きを考えた時、固く握った正拳は、顔面を突くと鼻血が出たり、歯が折れたりと外傷は発生しやすいものの、見た目ほど内部へダメージが浸透することなく（効かず）、アドレナリン全開で必死に飛びかかってくる相手の戦闘能力を失わせるためには、明確な実力差となる高いレベルが必要であり、簡単なことではありません。

加えて、相手の歯で自分の拳を傷つけやすく、昔の衛生環境を考えると、傷口が化膿するなどのリスクもありました。

一方、開手を用い、指先で目を突く、切るといった攻撃は、正拳で突くことよりもはるかに効率的、効果的に相手を戦闘不能な状態に陥れます。空手のルーツにつながる中国では、拳で殴り合って喧嘩をしているうちは止めに入らないが、開手を使うようならすぐに止めに入ったといいます。

こんなことを書くと、「剛柔流とは、そんな危ないものだったのか！」と思われるかもしれませんが、命の危険にさらされた場合に手段は選べません。

しかし一方で、同じ開手でも掌底による打ち込みは、グローブを着用したボクシングのパンチにも似て、より内部に浸透する（効く）打撃になると同時に、外傷が発生しにくくなります。つまり、効果的かつ自分も相手も傷つけずに制することができる上に、取手技など次の展開にもつなげやすい技術となります。

このように開手の技法は、相手や状況に応じて、多様的かつ効果的に対応できるだけの広がりを持つ技術であるのです。

コーサーによる技法も、もちろん目を狙う場合もありますが、上段の急所（ツボ等）に打ち込み、外傷を発生させず効果的に相手を制することができます。

実際、剛柔流に伝わる古伝の型を見てみると、正拳上段突きは一つも出てきません。流祖・宮城長順師が創作された撃砕第1、2の型には上段突きが出てきますが、これは宮城師が沖縄県立第一中学校に在学中、糸洲安恒《いとすあんこう》先生より、学校の正課として取り入れられた唐手《からて》の指導を受けたことにより、首里手系統から導入されたものです。ちなみに、宮城師は糸洲先生に弟子入りまではしていません。

宮城師の師匠で、中国から剛柔流のもととなる拳法を持ち帰ったのは東恩納寛量師です。その両師に学んだ比嘉世幸師は、もともと東恩納師の教えでは正拳上段突きはなかったとして、撃砕の上段突きを中段突きにかえて指導されました。これにより、比嘉師系統の剛柔流では、今も中段を突く撃砕の型が主流となっています。

空手の基本中の基本と思われている正拳上段突きですが、実は空手の三大源流の一角を占める剛柔流では、もともとはなかったということは意外と知られていないかもしれません。

現代の空手道で失われつつある開手やコーサーによる技法は、今も発祥地の沖縄の空手に残されています。

# 特殊な手の握り「コーサー」とは？

前項において、コーサーと呼ばれる特殊な握りについて触れました。本項では、このコーサーについて紹介したいと思います。

コーサーとは、鶏口拳のように指を突き出した特殊な握りを指します。中指の関節を突き出す中高拳や正拳をつぶした形の平拳などもコーサーです。

以下、それぞれについて見ていきましょう。

## ◉鶏口拳

鶏口拳は、人差し指の第2関節部を突き出した形の握りになります。そして、突き出した人差し指のどこを親指が押さえるかによって、大きく2つの握り方に分かれるようです。

一つ目は、曲げて突き出した人差し指の外側を親指の腹で押さえる握りです。本部《もとぶ》朝基《ちょうき》先生が、その著書『私の唐手術』の中で紹介していますが、本土ではこのような握りの鶏口拳を作る場合が多いようです。

二つ目として、曲げて突き出した人差し指の爪の上を、親指の内側側面で押さえる握りです。剛柔流拳法では、この握りの鶏口拳を用います。

では、その違いは何か。中段を突く場合で見てみましょう。中段を突く場合、鶏口拳は縦拳で突くことが中心となります。すると、尖った指関節がアバラ骨とアバラ骨の間に入ります。そこから手首を上に撥ね上げるか、それとも下に返すか、つまり打ち込む方向によって握り方が異なってくるものです。

まず、本部朝基先生の握りについて、門下にない筆者が、また筆者ごときの者が言及するのは本来はばかられるものですが、研究の一環として触れさせていただくこととします。

本部朝基先生が示す握りにおいては、当てた鶏口拳の手首を上に返して撥ね上げる場合、相手のアバラ骨が開かれて大きなダメージにつながります。まっすぐに打ち込むか、上に撥ね上げる場合、この握りは非常に有効になるでしょう。一方、手首を下に返して打ち込む場合には、親指の方に力が逸れてしまい、高くした人差し指の

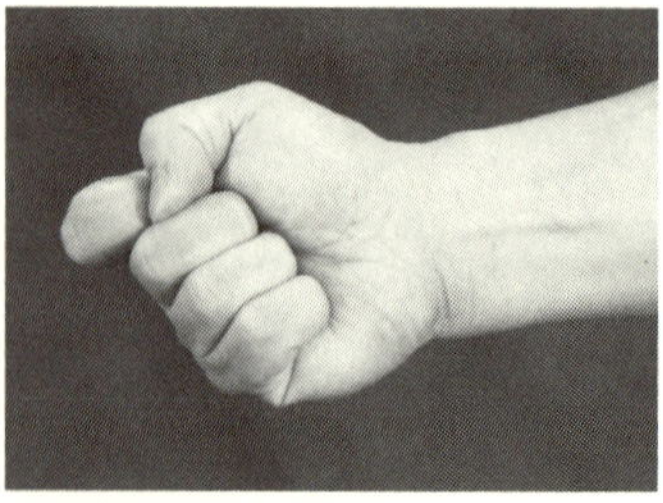
剛柔流拳法の鶏口拳

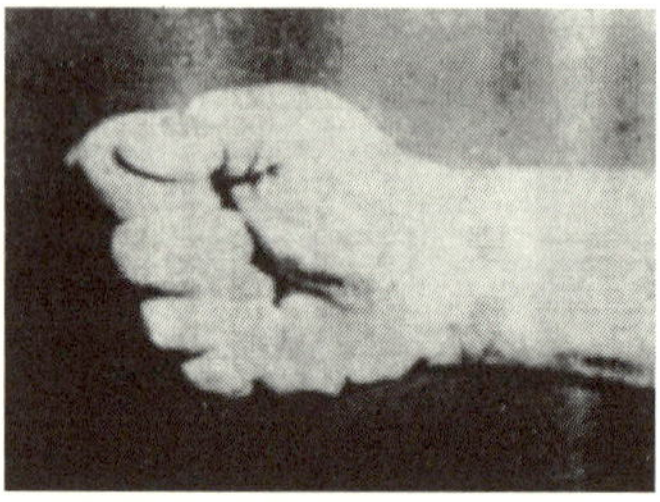
本部朝基先生の鶏口拳

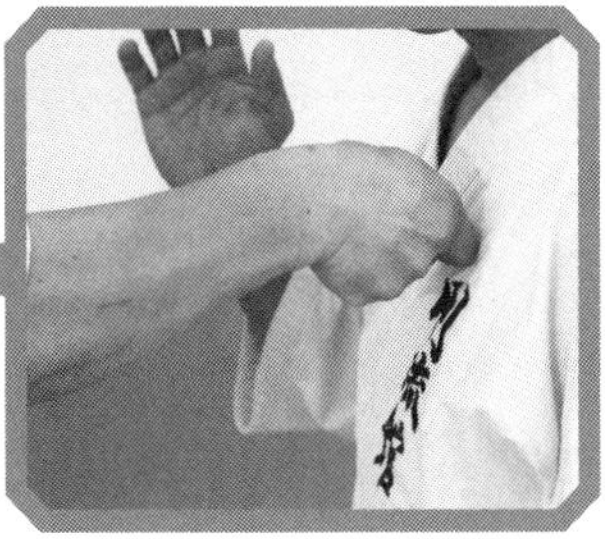

胸部への鶏口拳。剛柔流拳法の握りは、下方向に効かせやすい

関節部には力が伝わりにくくなるようです。

逆に、手首を下に返して打ち込む場合は、剛柔流拳法における握りのように、人差し指の爪の上を、親指の内側側面で押さえる握りが有効になります。こうした握りの場合、手首を下に曲げる力は、高くした人差し指の関節部へストレートに伝わります。

この突き方で狙う中段の箇所としては、アバラの他にもう一つ、大胸筋と小胸筋の隙間があります。自分より背の高い相手に対してはアバラが入りやすく、自分のほうが背が高い場合には胸が入りやすくなります
剛柔流拳法における、このような手首を下に返す鶏口拳の用法は、シソーチンの最初に出てくる貫手突きを実用的な動きに変化させたものです。脇に引いた貫手をまっすぐに突き出し、極まる瞬間に手首を下に返す動きが、鶏口拳の使い方を教えています。

しかし、「それは貫手であって、鶏口拳ではないので

シソーチンの貫手突き

は？」と疑問を抱かれる方もいると思います。これは、基礎を作るための動きと実用の動きの違いということになります。

つまり、基礎を作るためには貫手で突き、実用する場合は鶏口拳で突くということです。「鶏口拳で突くなら、最初からそうすればいいのでは？」という声が聞こえてきそうですが、まっすぐに突き出して最後に手首を返すという特殊な軌道を身につけるためには、しっかりと指先を伸ばした貫手によるほうが、身につけやすいのです。

試してみるとわかると思いますが、拳を握り込むよりも、指を伸ばした貫手のほうが、まっすぐ進んで最後にストンと落とす軌道がスムーズに入ってきます。

しかしここで、読者の皆さんはさらに一つの疑問を抱くのではないでしょうか。「どうせ貫手で稽古するなら、実際の場面でも貫手を使えばいいではないか？」

全くもって当然の疑問です。貫手に関する各種の説明の中には、貫手を突き込んでアバラ骨を

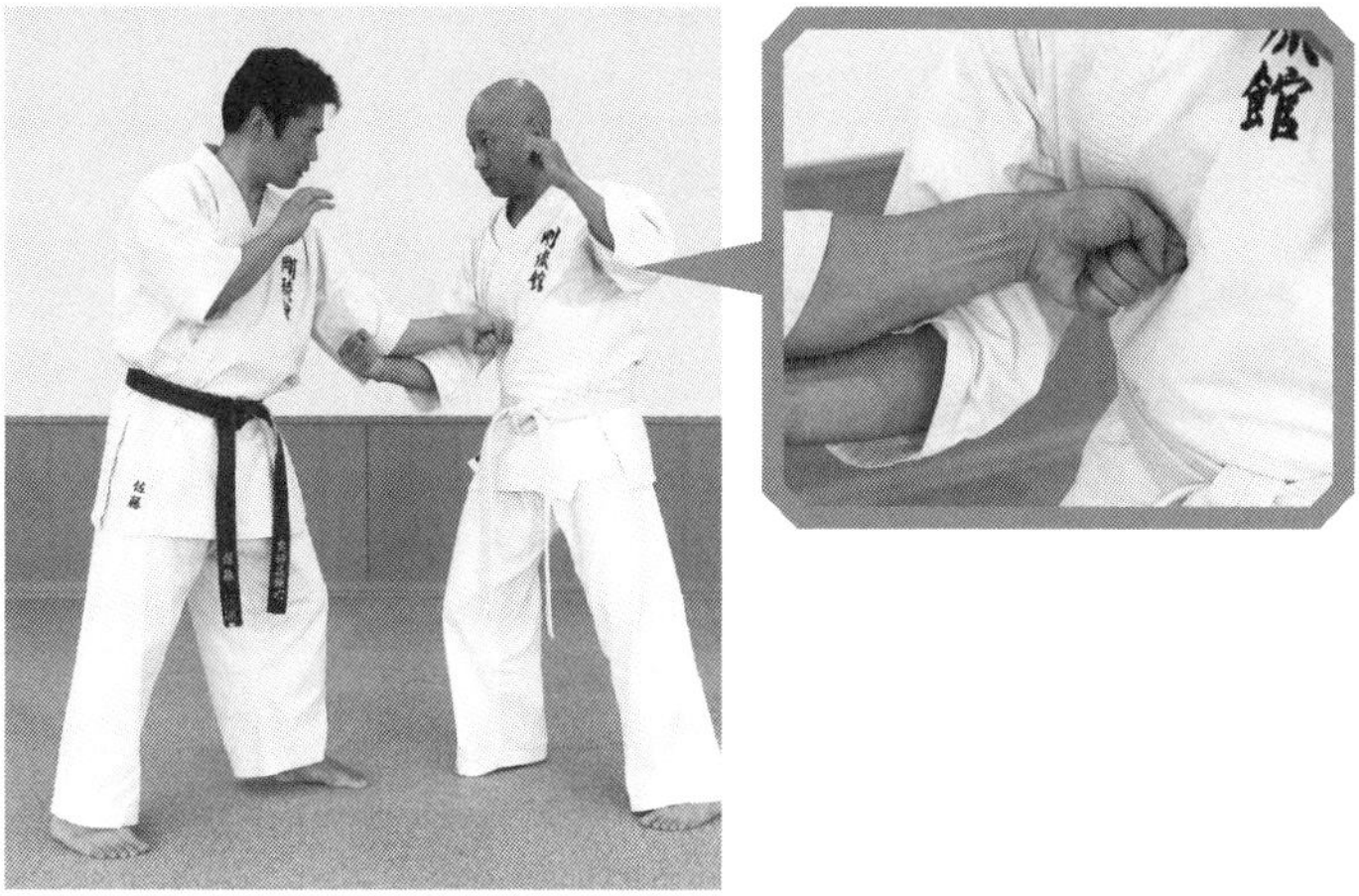

底突きに鶏口拳突きを合わせる（肋骨の間へ）

引き抜くというようなものもあったように思います。しかし、そんなことが本当にできるのでしょうか。確かに目などの柔らかい部分であれば貫手が突き刺さるかもしれませんが、鍛えたボディに指先が突き刺さるということは、どんなに指先を鍛えたとしても、ちょっと想像しにくいことです。

だからこそ、剛柔流拳法においては、貫手で技の軌道を身につけ、実際に使う時は鶏口拳で打ち込むものとしているのです。

話が逸れてしまいましたが、ここで、剛柔流拳法における中段鶏口拳突きの実用例を紹介しておきましょう。

特に有効な使い方となるのは、相手の中段突きに対してカウンターで合わせる用法です。中でも底突きに鶏口拳突きを合わせることが有効です。相手の底突きに合わせて上から最後に手首を下に返す軌道で鶏口拳を打ち込むと、縦拳である鶏口拳突きの肘は下を向いていて相手の突きの伸びを押さえてしまい、たとえ後から突いたとしても、相手の底突きはこちらに届かず、こちらの鶏口拳が当たります。

上段突きに鶏口拳突きを合わせる(目へ)

さらに、この軌道の優れた点は、相手を惑わせることです。相手はまっすぐの軌道に反応して受けようとしても、途中から軌道が変わるため、非常に受けづらいものになります。

剛柔流拳法における鶏口拳突きは、同様の軌道で上段に対しても有効になります。縦拳の鶏口拳を上段に伸ばし、最後に手首だけストンと下に落とすことで、目を突きます。これも、相手の上段突きに対してカウンターで内側から突き出すことにより、相手の突きの軌道を外し、こちらの鶏口拳だけが相手の目に入ることになります。

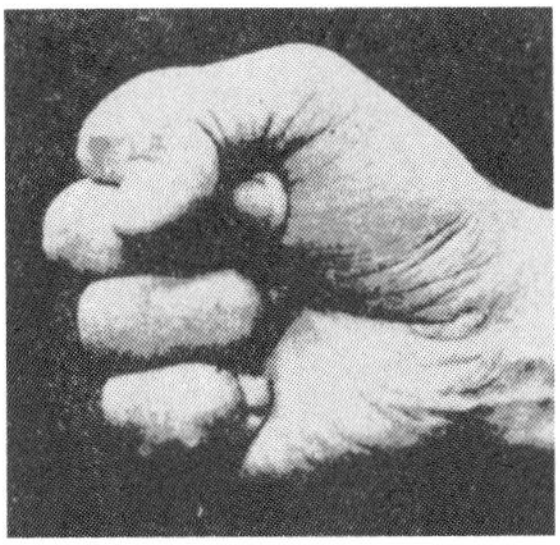
富名腰先生の書籍で示す握り方

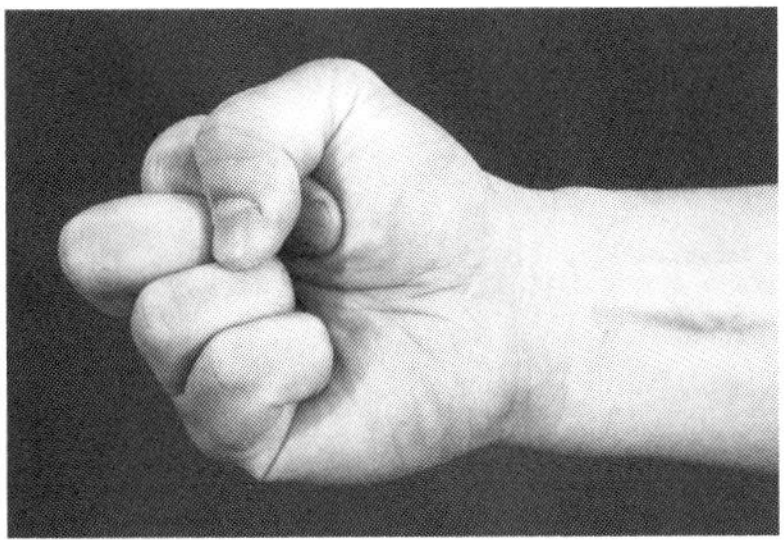
人差し指の第１関節を伸ばした中高拳

## ◉中高拳

曲げた中指の第2関節部を高く握り込む中高拳、皆さんはどう握りますか？　一般によく見掛けるのは、普通に正拳の握りで中指の関節だけ突き出すものです。

しかしこの握り方では、固く握りしめても、ポンと叩けば中指はへこんでしまいます。

では、へこまない中高拳の握りというものはあるのでしょうか。もちろんあります。人差し指の第1関節を伸ばして中高拳を握り込めばいいのです。親指の内側側面で、伸ばした人差し指を押さえる形になります。こうすることで、突き出した中指の関節はへこみたくてもへこむ隙間がなくなるのです。

参考までに、富名腰（船越）義珍先生の著書『錬膽護身唐手術』の中に、本項の中高拳のように人差し指を伸ばした正拳の握り方を示した写真が掲載されています。

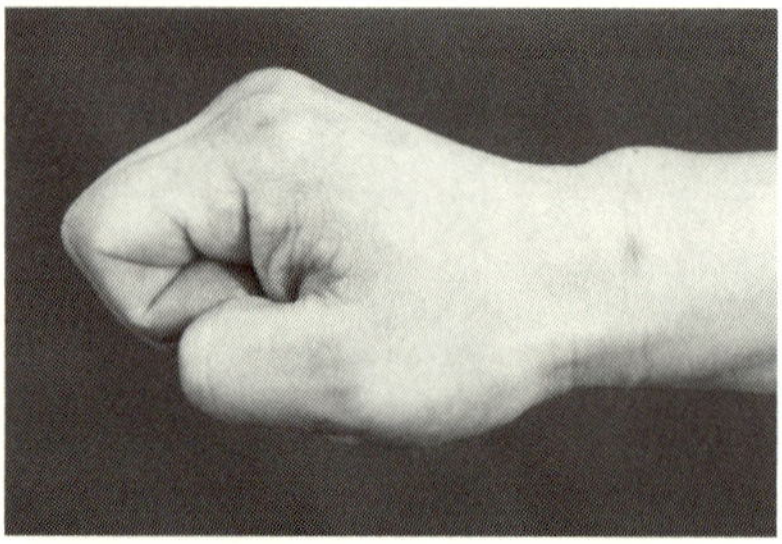

4指の第2関節部を突き出した平拳

人差し指を伸ばした中高拳の握りとの関連があるのかないのか、興味が湧くところです。

## ◉平拳

剛柔流拳法における平拳の握りは、正拳を平たくつぶし、人差し指から小指まで4指の第2関節部が突き出た形です。手首が若干上を向き、第2関節部から前腕までのラインが一直線になります。

実は、次項で正拳中段突きについて触れる際に出てくる握り方が、この平拳のことであるため、平拳中段突きについてはそちらに譲り、ここでは上段突きについて説明します。

平拳で上段を突く場合、狙う場所は主として喉になります。喉という場所は、ヘッドスリップしても動きません。剛柔流拳法においては、セイサンの開手を3回連続で擦り上げる動作を応用し、胸に触れてから擦り上げます。こうして下から擦り上げると、相手にとっては非常に見えにくい角度になります。

セイサンで、開手を３回擦り上げる動作

鶏口拳では顎が邪魔して喉には入らないため、喉を狙う場合、このような平拳突きが有効であり、当てた後はそのまま喉仏を握り込んでもいいでしょう。

以上、コーサーについて紹介しました。剛柔流拳法には、この他にも様々なコーサーの技術が伝承されています。

# 正拳中段突きは、指で突く⁉

こんな標題を掲げると、「正拳中段突きと言うのだから、正拳で突くに決まっているだろう。指で突くのは貫手というのだ！」と突っ込みが入りそうです。全くその通りで、どこの流派でも空手といえば正拳。正拳といえば握った拳の人差し指と中指のつけ根を中心とした拳頭部を思い浮かべることでしょう。それは剛柔流拳法でも同じこと。全ての空手に共通する事項だと思います。

「それでは指で突くとは、何を言っているのだ？」という話に戻ってしまいますが、本項では、剛柔流拳法においてはレベルに応じて正拳の握り方が変化し、最終段階では指関節から当たるということを紹介していきたいと思います。

剛柔流拳法においても、入門して最初に教わる正拳の握

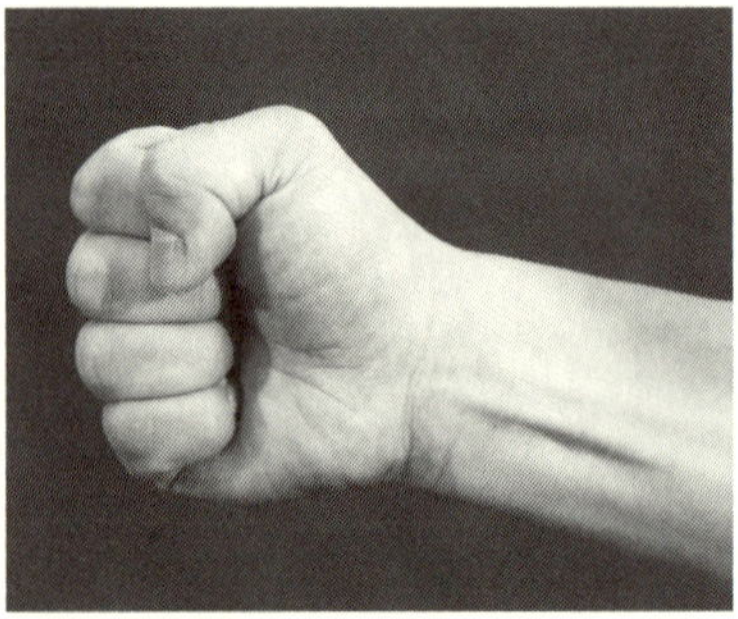
正拳突きは、このように握り込まない？

りは、他の流派同様、人差し指から小指までの四指を隙間なく握り込み、きっちり曲げた親指の先から第1関節部で、人差し指と中指を押さえる。こうして作った拳頭部を当て込むというものです。

すると、拳頭から手首、前腕に至るラインはまっすぐになり、打撃の威力をストレートに伝えることができます。突き技に必要な筋肉を作り、正しい技のルートを学ぶためにも、初級の段階ではしっかり握った拳で力を込めて突くことが大切です。

これが上達していくと、徐々に余分な力が抜けていき、高段者ともなると、決して力まず最後の当て込みの瞬間だけに力が集中する熟練の突きに変化していく。これについては、剛柔流拳法においても同じことです。

しかし、もし相当な熟練者であったとしても、正拳の形を自らの力で握り込んでいたとしたら、武術として究極を目指す上で、まだやり残していることがあります。

それは、正拳の形を作るための力さえ抜くべきだということです。力んだ突きは遅く、余分な力の抜けた突きのほうが速いのは、誰の目にも明らかなことです。それであれば、正拳の形態を作る力さえ抜いてしまったほうが速いのです。

「でも、グローブなどを着けるわけでもないのに、正拳を握り込まずにどうやって強い突きが突けるのか？」という疑問が湧くはずです。そうです、最終的にはもちろん握り込むのですが、

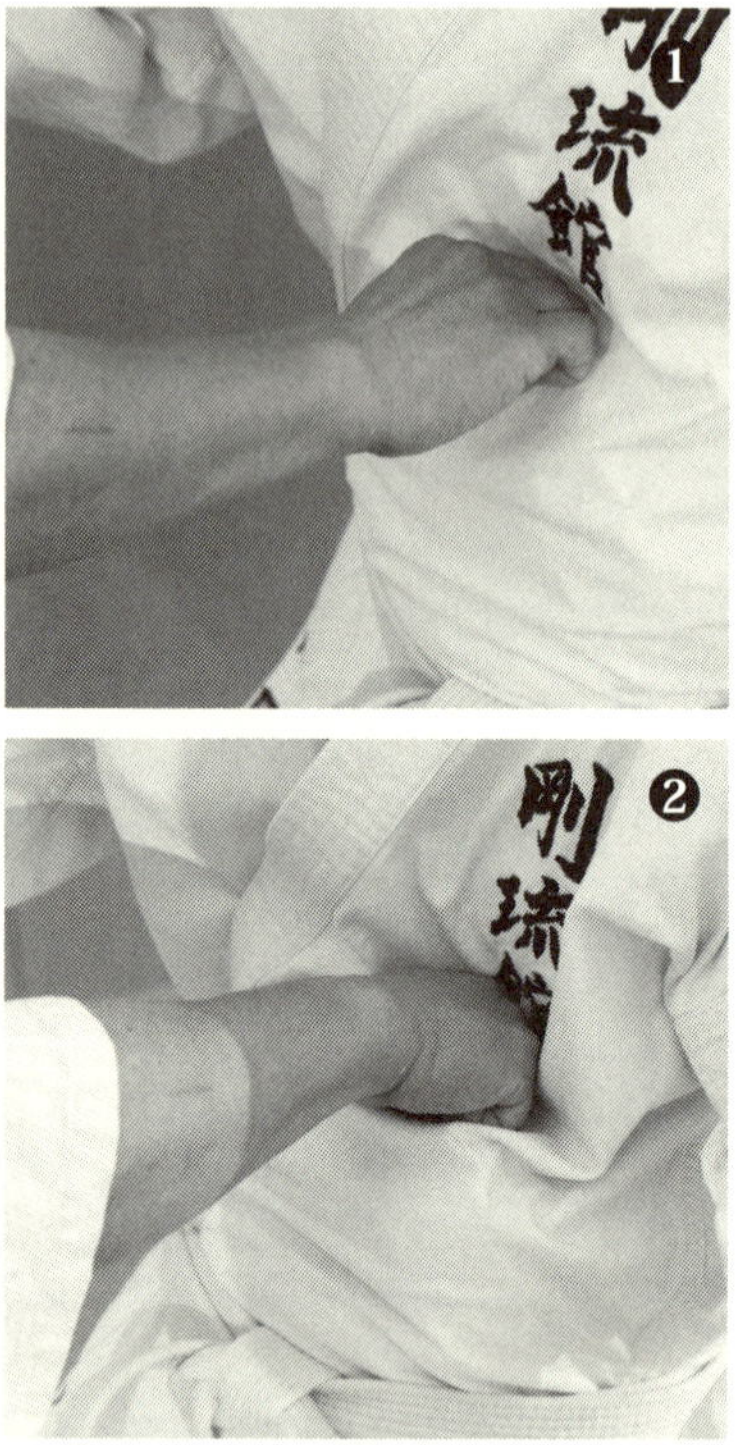

中段突きは、第２関節から触れ、それから拳頭が入っていく

究極のスピード、そして威力を達成するため、自分で握り込むのではなく相手の体を利用し、相手の体に触れた指関節が、腕が伸びるに従って押し込まれることで握り込まれていき、最終的に拳頭が当たるのです。

すると、最後の拳頭が相手の体に触れる一瞬に、拳へ力が集中します。そうすることで、正拳を作るほんのわずかな力さえ削ぎ落とし、最後の究極的な瞬間に脱力から全身の力を集中させるのです。

もう少し詳しく見てみましょう。拳はしっかりと握り込まず、半握りの状態とします。前項で紹介した平拳の状態です。こうしてリラックスさせると、人体の構造上、手首がやや上に反り、半握りした指の第2関節部が突き出た形になります。半握りの指の第2関節部から前腕にかけてのラインが一直線になり、繰り出す突きは、当然半握りの指の第2関節部から相手の体に触れることになります。正に指関節から当たるのです。

さらに突きが伸びるにしたがい、相手の体によって第2関節部が押し込まれ、相手のアバラ骨を押し広げるよう体にめり込んでいきます。最終的には手首の反りはまっすぐになり、拳頭部から前腕までのラインが一直線になります。こうして突き込みの最後の究極の一瞬に、まっすぐなラインを通じて全ての力が集中します。

このようにすることで、究極の脱力からのスピードが得られるとともに、チンクチ、ガマクと一体となったならば、全身の力が一点に集中する爆発的な威力を生むことができます。

固く握りしめた拳では、いくら強く突いても相手の体の表面で威力が散ってしまいやすいのですが、こうすることで、力が分散することなく、相手の体の内部まで浸透する威力が発生するのです。ボクシングのグローブを着用すると、外傷は少なくとも、内部まで浸透するダメージが発生するのと似た効果があると言えるかもしれません。

剛柔流拳法において突き技を上達させるということは、究極的にはこの操作の精度をいかに高められるかということとも言えるでしょう。

このような突き方については、新垣清氏の著書『沖縄武道空手の極意』（福昌堂）の中でも紹介されています。よく、首里手と那覇手の突きは違うというような見解を目にすることがありますが、久場師は、「首里手の突きと那覇手の突きは果たして違うのだろうか」とおっしゃっていました。

もちろん理想とする突きに至るまでのアプローチの方法には違いがあるかもしれませんが、武術として最大の効果を発揮するという意味においては、首里手の突きも那覇手の突きも違いはないのかもしれません。参考までに、首里手の大家、花城長茂先生の手首が上に返った突きの写真を掲載しておきます。

手首が上に返った花城長茂先生の突き

では、こうした突きを身につけるためにはどうしたらいいのか。まずは指の動きを練習しようと思われる方がいらっしゃるかもしれません。筆者自身、師匠からこの握りについての教えを受けた時、その練習方法について質問したことがありました。

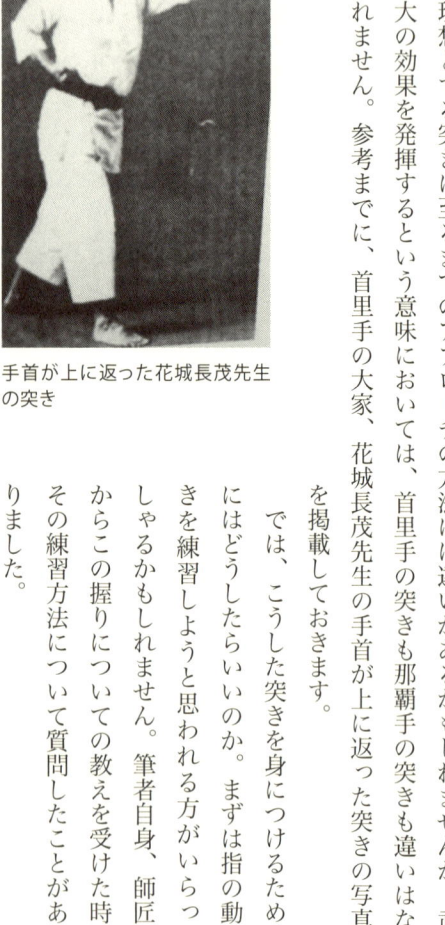

師匠の答えは、チーシやサーシ（178ページ～参照）を練り込みなさいというものでした。指の動きに気を取られていた私は、自分の質問の意図が伝わらなかったのかと思ったものでしたが、これが正に技の本質をつく教えだったのです。

チーシやサーシといった空手発祥地の沖縄で伝統的に用いられてきた鍛錬具は、単に筋肉を大きくするだけでなく、空手に必要な筋肉の使い方まで、自然に学ぶことができる優れものです。

こうした鍛錬により、チンクチやガマクなど体幹部の筋肉の使い方を身につけることで、初級の段階で頼っていた余計な筋肉の力が抜けていき、果ては拳を握るわずかな力さえも削ぎ落とし、脱力と最後の一瞬への究極的な力の集中に至るのです。

本項は握りを中心に説明しましたが、実はこれらの握りは、鍛錬の結果として自然にできてくるものです。チーシやサーシといった沖縄伝統鍛錬具によりチンクチやガマクを鍛え、その使い方を身につけることで、自然と習得されていくものです。

西洋のウェイトトレーニングとは一風異なった沖縄伝統の鍛錬法には、そんな極意に結びつく秘密が隠されています。

チンクチとガマクについては第2章で、沖縄伝統の鍛錬法については第6章で紹介します。

## 正拳下段突きは、目の錯覚を誘う？

帯から下の膀胱あたりを突く正拳下段突きは、相手の急所を狙うという、実際の戦いにおいて非常に有効な技術です。しかし、現代の競技スポーツとしての空手道においては、通常いかなるルールの下でも反則とされる技であり、あまり親しみのないものではないかと思います。

しかし、今回は急所を狙うということではなく、「目の錯覚」を利用した突きであるというポイントを紹介したいと思います。

本土の空手道においては、基本稽古の中に下段突きを取り入れている流会派はあまり聞いたことがありませんが、剛柔流拳法では、下段突きは基本稽古の中に普通に組み込まれています。まずはその動作を紹介しましょう。

突く位置は帯下の膀胱あたり。握りや筋肉の使い方は、基本中の基本である正拳中段突きと同様です。違う点は、下段に向けた一方の拳の上に、重ねるようにして突きを繰り出す点です。以下、下段に突いた拳の上に次の突きを重ねて突くことを繰り返すという基本稽古になります。

このように、下に出した拳に重ねるように突き出すと、相手は目の錯覚を起こします。というより、戦いの中において、これは組手においても同様ですが、前の手が動くと、相手は反射的にその手の動きに反応します。そこへ次の突きを重ねていくと、相手は一瞬タイミングがずれ、「あれ？」という感じで下段突きが受けづらくなるのです。

下段突きは、出した拳の上に、もう一方の拳を重ねるように突き、目の錯覚を誘う

当然そうしたことを知っていれば、引っ掛かることはありませんし、そうでなくても下段を見ながら突いたのではバレてしまいますが、相手が予備知識のない状態でこのような突き方をした場合、面白いように受け手のタイミングがずれてきます。

「もうこの本で知ってしまったから、そんな技には引っ掛からないぞ」と思われるかもしれませんが、だからこそ本来武術としての空手は、その技法を文字として残さず、また選ばれた者にしか伝えなかったのです。

だからこそ、空手の技術の深い部分が、必ずしも発祥地の沖縄から本土に伝わらなかったのでしょう。そうして失われつつある発祥の地の技術があるということを知っていただきたいということが、本書の目的の一つでもあります。

この目の錯覚を利用した下段突きの技法は、スーパーリンペイから抽出したものです。スーパーリンペイの、下段受けからその上に下段突きを繰り出す挙動を抽出して基本稽古としたのが、本項の下段突きになります。

よくスーパーリンペイは剛柔流最高峰の型と言われますが、実は普段の基本稽古の中で、知らず知らずのうちにそうした技術を学んでいくのが、剛柔流拳法の稽古の特徴でもあります。

# 突きの軌道は中心の1点狙い？左右の2点狙い？

前項で、下段突きの基本稽古は、下段に突いた拳の上に次の突きを重ねるように突くと記しました。同じ場所を突くという意味で、これを1点軌道と言うこととしてみましょう。

では、上段突き、中段突きはどうでしょうか。

まず上段突きは、剛柔流拳法においては、突いた拳の下に次の突きを重ねるように突きます。下段突きにならえば、これも1点軌道と言えます。

一方、一般的に行われている正拳上段突きの基本稽古は、顎なら顎を狙うという意味で1点を狙うものですから、こちらも1点軌道と言えるでしょう。しかし、突いた拳の下に次の突きを重ねるということはしていません。ここが剛柔流拳法の上段突きと異なる点です。

では、剛柔流拳法では、なぜ突いた拳の下に次の突きを重ねるという突き方をするのでしょうか。それは前項の下段突きと同じく、目の錯覚を利用するということにあります。前の手が動くと、相手は反射的にその動きに反応し、その下から次の突きが出てきた時に、一瞬反応が遅れてしまうのです。

上段突きは、出した拳の下から突然もう一方の突きが現れる

これは実験してみると一目瞭然です。相手は上の手に気を取られ、また、上の手に隠されて、下から出てくる突きは突然目の前に拳が現れたように感じます。突きが見えた時にはもう遅いという状態です。

これが剛柔流拳法の上段突きの特徴であり、セイサンの上段への開手3連打（41ページ写真参照）の挙動を取り出し、正拳突きに応用しているものです。

次に中段突きです。中段突きは、相手の左右の胸の下あたり、右の突きと左の突きで異なる部分を突くという、いわば2点軌道の突きになります。一般には、左右ともに水月という1点を狙う1点軌道の突きをよく見掛けますが、剛柔流拳法においては、基本的にこのような2点軌道を取ります。

左右の拳が異なる2点を突く中段突き

これはどういう意味でしょうか。まず一つとして、左右の胸の下の筋肉の薄い部分は、まっすぐの角度で突くと効く急所だからです。人間の体は、その部位によって効かせる方向があり、中段、つまり水月のラインを正拳突きで突くならば、まっすぐ、あるいは突

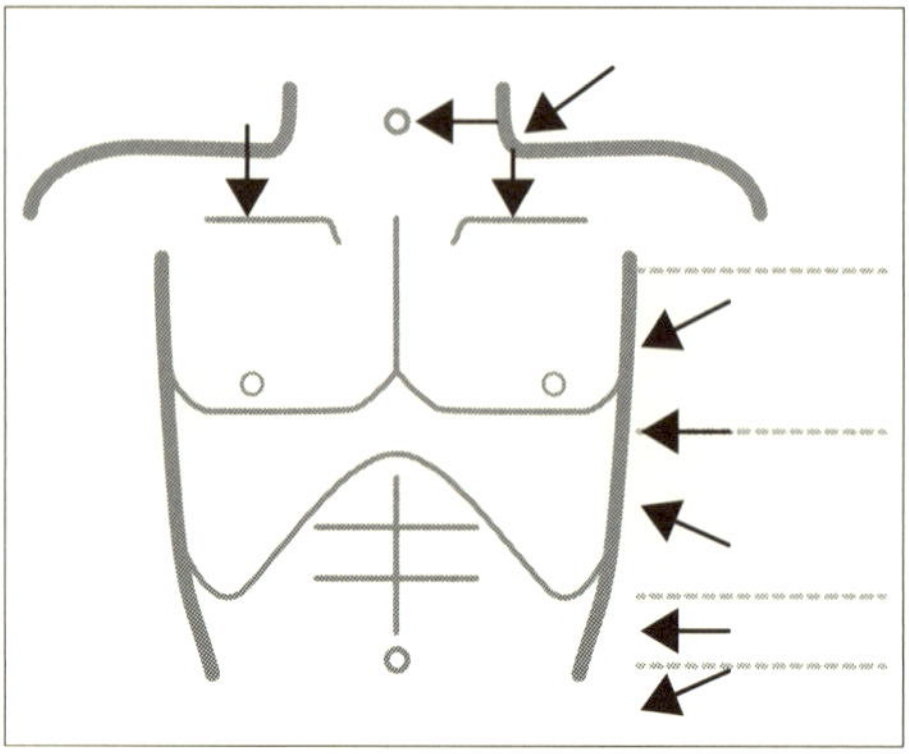

打撃が効く方向

き上げる角度で突くのが効果的です。

でも、水月のラインを中段として狙うならば、水月を突く1点軌道でもいいではないか?ということになります。これについては、相手と対峙した時の角度も含めて理解する必要があります。

お互いに左足前、ボクシングのようにファイティングポーズを取って向き合ったとしましょう。両者とも前になる左足のつま先がやや内側を向き、半身の体勢で対峙しています。剛柔流で基本となる三戦《サンチン》立ちに近い形とも言えるでしょう。突きを繰り出す場合、力の集約の方向として、足が向く方向と突きの方向は一致していることが基本となります。

まず左の突きから見てみると、半身に構えた自分の体の正面が向く方向、つまり基本稽古において水月を突く1点軌道の突きの方向に相手はいません。当てるためには、もっと外側に拳を向ける必要があります。つまり、胸の下を突く2点軌道の方向です。これは、前足のつま先が向く方向とも一致します。

後ろの右手による突きを見てみると、当然体軸を中心に体を返して逆突きを打ち込みますが、相対した相手は半身に構えているため、中心である水月を狙う1点軌道の角度では、突きがまっすぐに当たらずに滑って力が逸れてしまいます。

これに対して、基本稽古において胸の下を突く2点軌道の方向に突く場合、半身に構えた相手

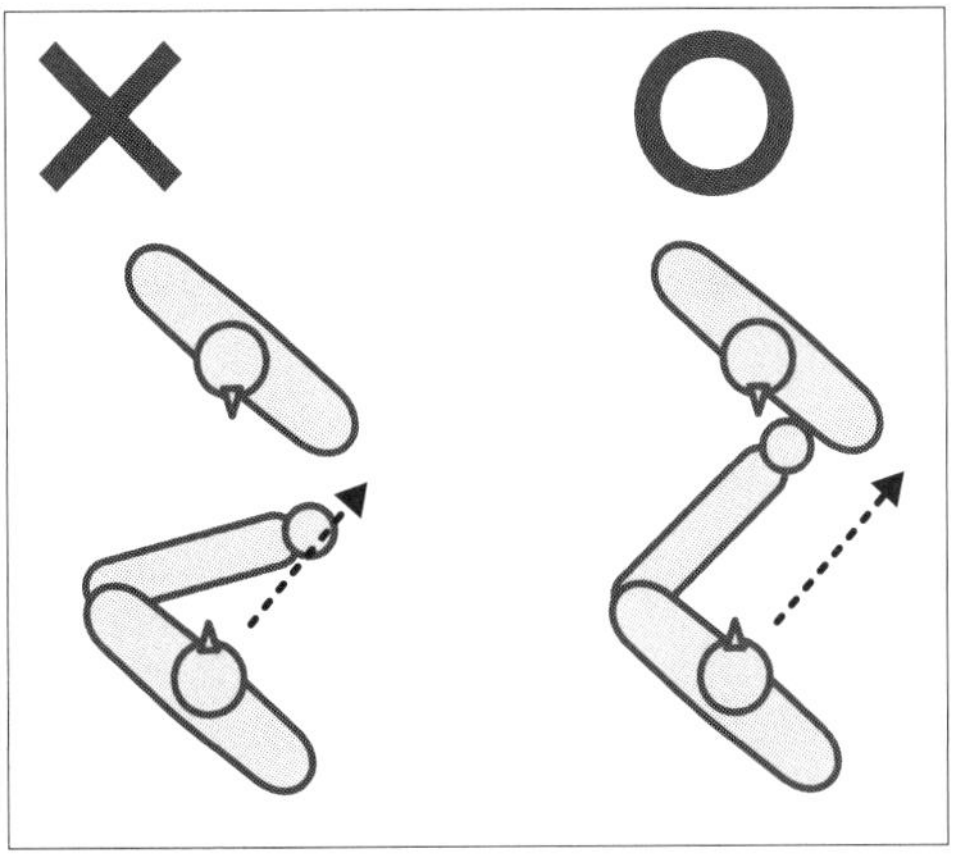

前手での中段突き

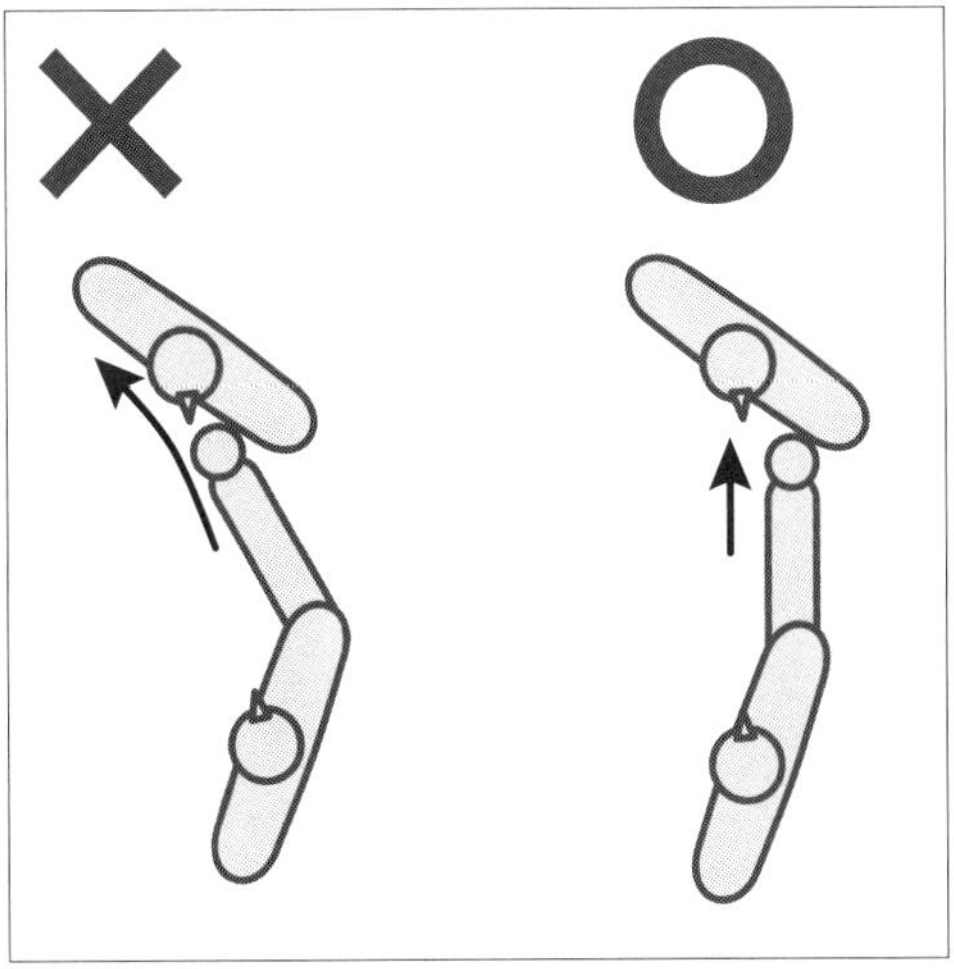

後手での中段突き

にストレートに力が伝わります。当然、後ろ足は拇指球を中心に回転しているため、つま先の方向と突きの方向は一致します。

このように、相手の急所の位置、それぞれの急所に応じた打撃の有効な角度、そして相手との位置関係を踏まえ、そのポイントを基本稽古として整理すると、つまり抽象化、様式化すると、必然的に中段突きは2点軌道になるものです。

もう一つ付け加えるならば、腕の角度が内側に向けば向くほど、チンクチが外れていくということがあります。上級者は別として、基本稽古で突きの軌道を学ぶのであれば、チンクチが外れやすくなる体の中心よりも、もっと外側、2点軌道の方向に突くことで、チンクチが外れにくく、突きの威力を最大限にできる軌道を学べます。

このような理由から、剛柔流拳法における基本の中段突きは、2点軌道を取るのです。

## なぜ、わざわざ脇まで引き手を取るのか？

本章では正拳突きの基本稽古を中心に記してきましたが、上中下段の正拳突きに加え、受け技、打ち技など、ほとんどの空手の基本稽古では、拳を脇まで引いたところから始動します。

キックボクシングでも総合格闘技でも、脇まで引いたところから突き出すということは見たことがありません。一見威力がありそうにも見えますが、技の始動位置から攻撃目標までの距離が長い分、相手によけられる可能性が高くなってしまうようにも思われますし、そもそも引いている間にやられてしまうかもしれません。

それにもかかわらず、わざわざ拳を脇まで引いたところから技を繰り出すのは、どういうことなのでしょうか。

これも基礎作りのためなのです。究極的には、よく寸勁とも言われるように、たとえ距離がなくとも爆発的な破壊力が出せるほうが、技術レベルとしてははるかに高いと言えます。

しかし、初心者にいきなりこうしたことを教えてもできるわけがありません。突き技で言えば、まずは拳を脇に引いて攻撃目標までの距離が長い状態で、正しいまっすぐな軌道と拳の回転、筋肉の使い方を学ぶことが必要です。

しかし、こうした稽古を重ね、長い距離の中で正しい軌道などが身についてきたならば、いつまでも同じようにやっていては進歩がありません。剛柔流拳法においては、上級者が基本の稽古をする場合の引き手の位置は、水月の前となります。水月の前に、開いた掌で手首をしっかりと上に返します。

こうすることで、距離が短い中でも引かずに突けるようになる上に、長い距離で突くよりも、強い突きが突けるようになります。

水月の前に位置する拳を引かずに、
短い距離で突くほうが強い

しかし、上級者がより近距離から突けるようにするために、水月の前に引き手を取ることは理解できるものの、「長い距離から突くほうが、当然威力はあるのではないか?」と思われる方が多いと思います。

イメージ的にはそう見えるでしょう。水月前からちょこんと突くよりも、思い切り脇に引いて全力で突き込むほうが、見た目にもはるかにダイナミックです。

しかし、水月前に置いた開手から短い距離で打ち込んだほうが、はるかに威力があるのは事実なのです。これは実験してみればすぐに体感できます。もちろん鍛錬を積み重ねることにより、チンクチやガマク、その使い方がしっかりできている場合は、距離が長かろうが短かろうが関係ありません。

ただし、全くの初級者は別として、普通に茶帯、黒帯のレベルであれば、正拳を脇に引いたところから突くよりも、水月前に置いた開手を短距離の中から突いたほうが、威力があるということが明確に表れてきます。

これは、第1章の正拳中段突きの項で記した、脱力の中から繰り出す第2関節部から当たる突き、必然的にそうした突きになるような状況を作り出していることによります。

どういうことか。脇に引いたところから繰り出す長い距離の正拳突きは、初級者が正しい軌道を学ぶためには最適な稽古法です。しかし、これは一見ダイナミックにも見えるものの、距離が長いがゆえに、最後の一瞬に力を集中させることが難しく、力が分散してしまうため、威力ある突きにはなりにくいのです。

本人からすれば、距離が長い分、全力で突いたという充実感もあるために、実験結果を受け入れるのには戸惑いが出てくるかもしれません。しかし、その全力で突くということが、突きの威力を分散させてしまっているのです。

これに対し、水月前から短い距離で打ち込む場合、距離が短いがゆえに、開手からの握り込みが完成するのは、相手の体に触れた瞬間です。必然的に、前述したような指の第2関節部から当たり、相手の体に押し込まれるようにして握り込むのに近い形となり、自ら握り込んで余計な力を入れる暇がないために、途中で力が分散することなく、全ての力が拳に集中することになります。その結果、見た目以上にはるかに威力が出るのです。

こうしたことから、剛柔流拳法においては、黒帯になった者は、開手にした引き手を水月前に置いて基本稽古を行います。これが体に染み込んでくると、どこの位置からでも突けるようになり、脇に引いた位置から突くのが面倒に感じられてきます。

蛇足になりますが、水月前に開手を置いた基本稽古を重ねていくと、夫婦手と呼ばれる両手の連動した動きを身につけていく上で、大きな効果があることを実感する時がきます。これについては、まずはご自身の稽古の中に取り入れて試していただけたらと思います。

最後にもう一点。空手の基本に係る不思議の一つとして、基本稽古における正拳突きの際、決して肩を動かさないように口を酸っぱくして注意されるということがあるでしょう。

しかし、ボクシングやキックボクシング、総合格闘技などを見ても、ジャブ的に繰り出す軽いパンチは別として、KOを狙った強烈なストレートを打つ際には、肩を大きく前に振り出して打ち込んでいます。空手の基本における肩を動かさないということとは正反対の動きです。

これも学ぶ者のレベルに応じた上達システムです。基本の正拳突きを行う際、肩を大きく前に振るような形のほうが、ダイナミックで強い突きが打てるように見えます。

しかし、基本稽古の中で本来身につけたいことは、肩を使って突くことではなく、チンクチと呼ばれるヒットマッスルを使って突くことなのです。チンクチについては、次章でさらに触れていきますが、初級者が最初から肩を使って突くことを覚えてしまうと、それに頼ってチンクチの使い方を覚えることができなくなってしまいます。

そこで、あえて肩の動きを制限することで、チンクチの使い方を覚えさせるということなのです。巷に流れる正拳突きの基本稽古の映像の中には、大きく肩を揺り動かすことにより、突きの威力を増幅させているように見えるものもありますが、これも本来の稽古法の意味が、空手の普及過程でうまく伝わらなかった事例の一つと言えるかもしれません。

ただし、こうして肩を動かさない基本稽古を重ねた結果、チンクチが養成された段階に至っては、肩を動かそうが動かすまいが関係なくなります。

肩の動きがどうであれ、しっかりとチンクチが使えるのであれば、むしろ肩を大きく前方へ振り出したほうが、さらに突きの威力が増すことは当然です。

基本の突きでは、肩を前に出さず、チンクチを養う

実際の突きでは、肩を前に出しつつ、チンクチも使う

# 「突き技」と「打ち技」の違いって？

突き技と打ち技の違いについて、皆さんならどう説明されますか？ いつも基本稽古の中でやっているので、感覚的にはわかっているはずなのですが、言葉で説明するとなると、少し戸惑うかもしれません。

突き技には正拳突きや掌底突き、貫手突きなど、打ち技にも裏拳打ち、手刀打ち、拳槌打ちなど、それぞれいろいろありますが、話をわかりやすくするため、同じ握拳を用いる正拳突きと裏拳打ちを例にとって説明してみたいと思います。

力の使い方の点から見てみますが、いずれの突き技、打ち技にも共通する原則として理解していただいて結構です。

まず、ここにウズラの卵があったとします。掌で包み込んで見えなくなるほどの小さな卵です。正拳突き、裏拳打ちともに、握りの中で卵が割れないように持つのは共通です。

しかし正拳突きの場合、突きが極まる最後の一瞬に、グシャッと卵を握りつぶします。その一瞬に力を集中するのが正拳突きの肝であることは、既に記してきた通りです。

一方、打ち技の場合、最後の技が極まる瞬間でも、卵は握りつぶしません。全く握らないわけではありませんが、卵がつぶれない程度に握るのです。

とはいえ、握りが軽すぎては、打ち技が相手に届く前に卵が掌から放り出されて飛んでいってしまいます。つまり、技の始動から極めまで、卵が放り出されることなく、つぶれることのない力加減が裏拳打ちの握りだということです。

こうすることで、必要なところに必要なだけの力が入り、手首のしなりを利用して打ったら弾けて戻るような打ち技を繰り出すことにつながります。これをムチミと表現してもいいでしょう。

突き技も打ち技も、いずれも破壊力のある技ですが、仮に突き技を「棒で突き抜く」ような威力にたとえるなら、打ち技は「チェーンを振り回す」ような威力と言うとわかりやすいでしょう。

ただし、余分な力、つまり必要な力以外の力を抜くことは意外と難しいものです。そこで、例えば裏拳上（正面）打ちを例に取るならば、①最初は力を入れて打ち下ろす、②次は脱力で自然に落下させる、③最終的には、力を抜いて打ったら鞭が軽く戻るような感覚で打つ、といったように、段階を経て習得していくのがいいでしょう。

こうした余分な力の抜き方は、正拳突きよりも、裏拳打ちなどの打ち技のほうが習得しやすく、打ち技でこの感覚を覚えることで、突き技など他の技もレベルアップにつながります。

突き技の場合は、ある程度余分な力が入っていても効果を発揮することがありますが、打ち技の場合は力を入れるほど効かなくなります。子供の喧嘩でも突きは出てきますが、打ち技が出てくることはあまりないでしょう。そうした点では、打ち技は突き技より難しい部分があると言えるかもしれません。

ちなみに、剛柔流ではお互いの小手を打ち合う小手鍛えという稽古法があり、一般に腕を鍛えるものだとされているかもしれません。初級者などが一定レベルの腕の強さを得るためにはそれも正しいですが、上級者はこのような稽古によって、余分な力を抜く打撃のコツを学びます。

Column

# ―タイ編

ルールの縛りがない武術の技術と、一定のルールのもとで勝敗を競い合う競技の中での技術は、相容れないものであるように思います。

しかし、もし武術としての技術レベルを上げていきたいなら、その基礎として、どんなルールでもいいので、競技の中で実際に戦う経験は不可欠だというのが、剛柔流拳法の考え方です。

筆者自身、30代の始めくらいまでは、フルコンタクト系の空手競技に夢中になっていましたが、特定のルールに縛られるのではなく、単純に強くなりたいという憧れから、各種ルールの空手競技を含め、様々な格闘技の試合に参加してきました。

しかし、30代前半に剛柔流拳法に出会ってからは、その技術を身につけるのに精いっぱいで、競技からは10年程は遠ざかっていたと思います。ところが、45歳手前頃だったでしょうか。師に一応の上達を認めていただけたあたりから、武者修行という意味で、いずれかの場で戦ってみたいという思いが大きくなっていきました。そこで思いついたのが、タイでムエタイのリングに上がることでした。

40代半ばのおじさんが軽薄にそんなことを考えたならば、生活をかけてムエタイを修練してい

# 海外空手日記

る選手たちに失礼になってしまいます。しかしタイにおいては、小さな子供から大人まで、そして小さな村祭りのリングからラジャダムナンやルンピニーといった大きなスタジアムまで、ムエタイが生活の中に広く浸透しています。そんな懐の深いムエタイならば、おじさんの独りよがりも受け入れてくれるのではないかと考えたものです。

それが実現したのは2017年の1月、45歳の時でした。現地に何のつてもあるわけではありませんでしたが、どんなリングでもいい、タイのリングで戦ってみたいという思いだけで身一つでタイに渡りました。とはいえ、そこで起こるかもしれない全てのことは自己責任であり、試合に向けた稽古はもちろんですが、家族を持つ身としてそれなりの保険に加入するなどの準備をした上での渡泰です。

紆余曲折を経て、地方にある場末のリングで試合は実現しました。4泊5日の滞在期間中2試合を経験することができ、結果としては1勝（1KO）1敗ということになりました。肋骨を折り、呼吸をすると脇腹がポコポコと音がする状態になってしまいましたが、実際に戦ってみて多くのことを学べたと思います。

そんなことがきっかけで、帰国してからのお付き合いが広がり、キックボクシングや総合格闘技（MMA）、プロレスのリングに上げていただく機会を得ました。

タイでムエタイに挑戦！

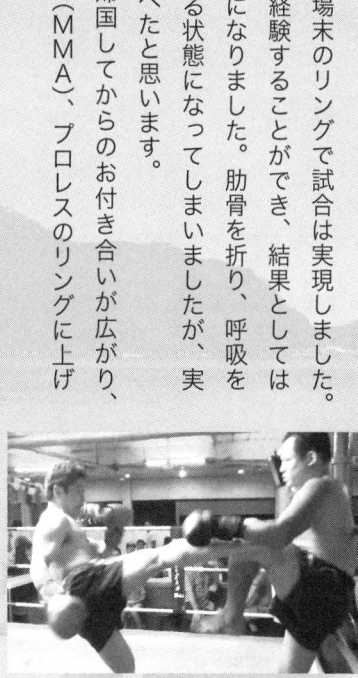

こうしたことを経験し、それぞれの競技でチャンピオンを目指して鍛錬に鍛錬を重ねている選手の強さ、凄さを体感できました。そうした選手の皆さんを心からリスペクトするとともに、そうした場で学んだ経験を、自らの空手の向上につなげていきたいと思います。

また、体力的にはとっくにピークを過ぎているはずの40代後半になってから、専門外のコンタクト競技で、ひとまずフルラウンド戦うことができた要因を自分なりに分析してみました。おそらく、剛柔流拳法の稽古によりチンクチ、ガマクといった体幹部が強化され、その使い方を学んだことで、余分な力が抜けたからではないかと愚考しています。

キックボクシングにもチャレンジ

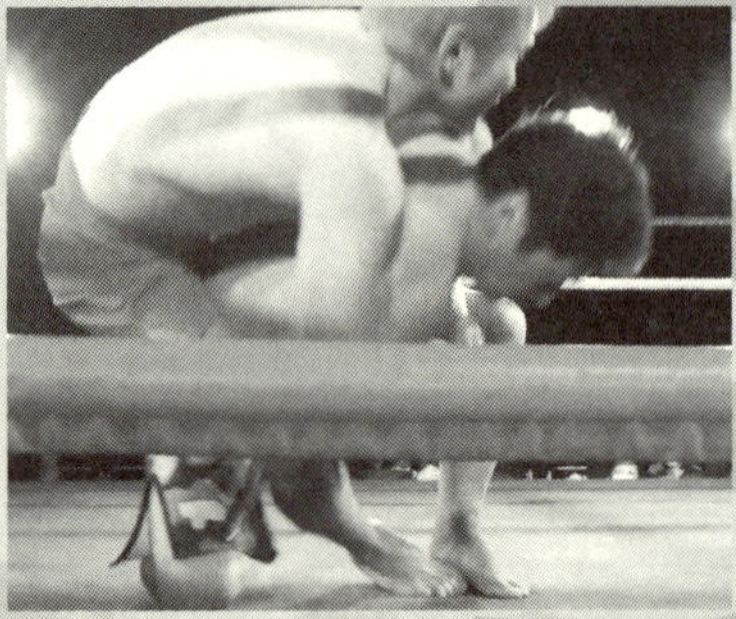
総合格闘技のリングにも上がる

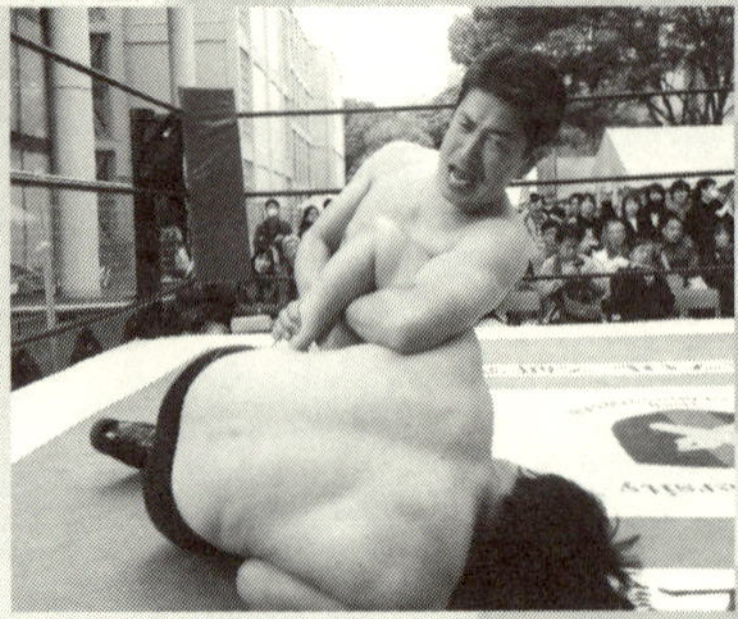
プロレスも経験

# 第2章

# 「チンクチ」と「ガマク」をわかりやすく

# チンクチ、ガマクって何？

第1章では突き技について説明しましたが、その中でチンクチ、ガマクについてたびたび言及してきました。剛柔流拳法を語る上で、これらはとても重要なものであり、以後本書を読み進めていくためには、ここでこれらについて説明しておく必要があります。

そこで本章では、剛柔流拳法におけるチンクチ、ガマクの考え方について紹介してみます。

チンクチ、ガマクという言葉は、新垣清氏が２０００年に『沖縄武道空手の極意』（福昌堂）を上梓されて以降、全国的に広がったものだと思います。その後、多くの方々が熱心に研究され、それぞれの研究成果を発表されて現在に至っているものと思います。

そうした研究のいずれもがとても参考になるものですが、本書においては、序章でも触れた通り、まずは大雑把に、ガマクは腰回り、チンクチは背中や脇の筋肉といったヒットマッスルのこと、とするとイメージしやすいでしょう。

本章では剛柔流拳法の視点から、これらについてもう少し詳しく見ていきたいと思います。

## ◉チンクチは背中や脇の筋肉

チンクチという沖縄の方言は、「チン」と「クチ」という二つの音節から構成される言葉です。「チン」とは沖縄の方言で「チル」、標準語で「筋・スジ」のこと。「クチ」とは沖縄の方言で「コツ・フニ」、標準語で「骨・ホネ」のことです。

沖縄の方言は、基本的に母音がアイウの3音となり、オ音がウ音に、エ音がイ音に変化します。これにさらなる変化が加わって、「コツ」は「クチ」となります。この2つの音節を単純に合わせると「チルクチ」となりますが、これが「チンクチ」となったものでしょう。

このように、筋と骨が交わる身体的部位は関節であり、沖縄で単純にチンクチと言えば、肘や手首などの関節を指します。しかし、武術におけるチンクチの意味合いは、少し異なってきます。

空手の突き技において、よく「チンクチを掛ける」というように表現されますが、剛柔流拳法では、いわゆるヒットマッスル、つまり広背筋、前鋸筋、大円筋、小円筋あたりのことをチンクチといいます。これらの筋肉の締めを使って、下半身からの力を増幅、全身の力を一致させて拳先に伝える力のルートを作ります。

この全身の力を拳に伝えるルートを作ることが、チンクチを掛けることと言えるでしょう。よって、狭義ではヒットマッスルの締め、広義では全身の力を一致させることが「チンクチを掛ける」

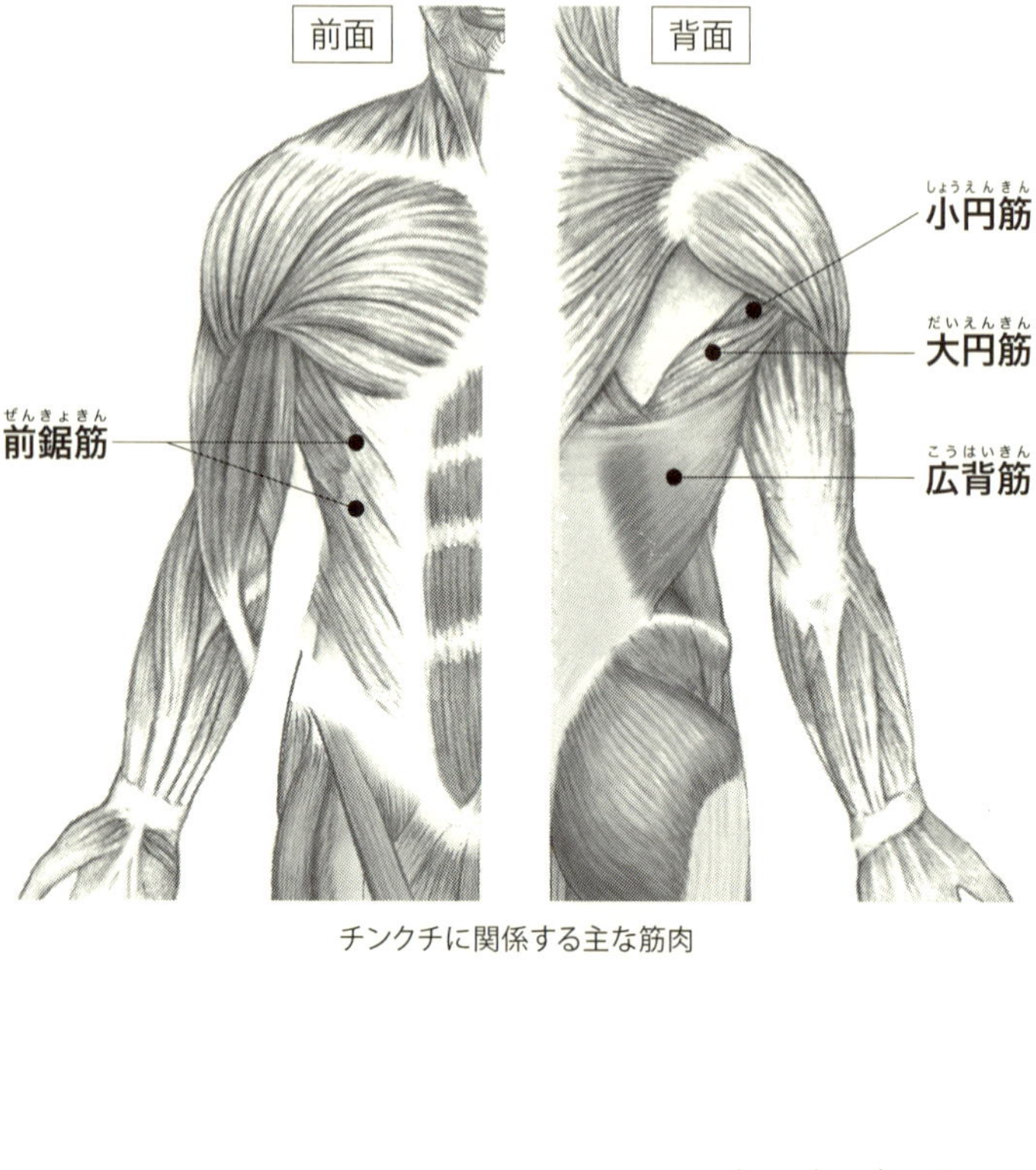

チンクチに関係する主な筋肉

ことと言え、その意味では、ヒットマッスルだけではなく、拳の握り込みもチンクチを掛けることと言えるでしょう。

## ◉ガマクは腰回り

沖縄において、ガマクと言えば通常、細腰（ウエスト）を指しますが、武術的にはウエストだけでなく、腰、腹の周り全体を指します。

さらに、へそから下あたりをへそガマク（ヘソガマク＝フスガマク）といい、沖縄の方言では臍下丹田を直接表す言葉はないので、このフスガマクが臍下丹田に当たるとしてもいいでしょう。

また、背中側の腰あるいは臀部を腰ガマク（コシガマク＝クシガマク）と言います。剛柔流の基本となる三戦では、骨盤を上に捲《まく》り上げるような動きが頻繁に見られますが、その動きについ

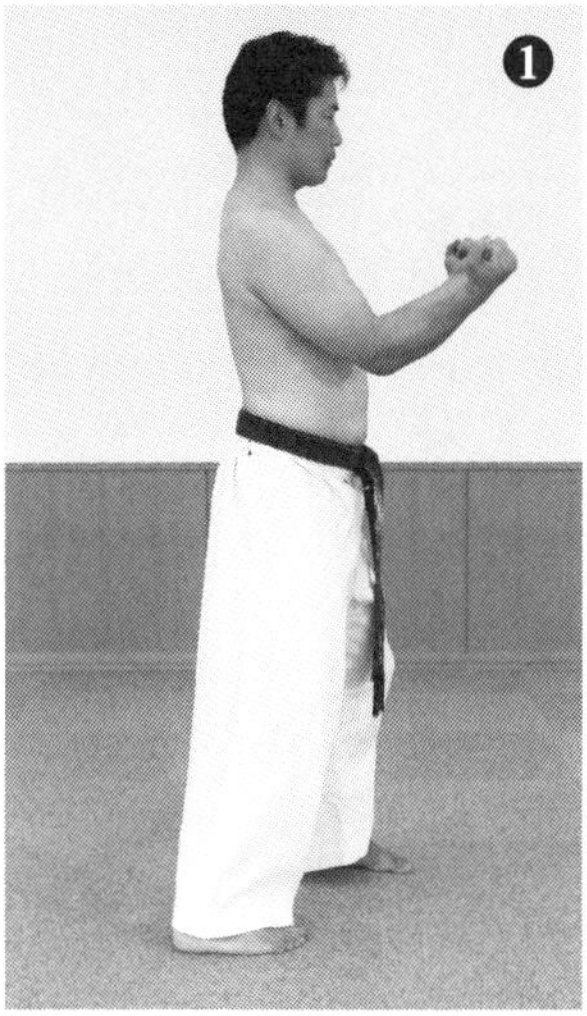

フスガマクを入れる

てこれらの言葉を使って表現すると、「クシガマクを抜いて、フスガマクを入れる」と言えます。

前蹴りの動作であれば、膝を上げる際の「フスガマクの入れ」から、腰を押し出しながら蹴り足を伸ばす「クシガマクの入れ」というように、フスガマクの入れからクシガマクの入れに切り替わる動きと表現できるでしょう。

## ◉チンクチとガマクの一体性

以上の説明で、チンクチとガマクという言葉のだいたいのイメージはできたことと思いますが、注目してほしいのは「チンクチとは」の中で記した「全身の力を拳に伝えるルートを作ること」です。

仮に武術的に狭義のチンクチとも言えるヒットマッスルだけを鍛えたとしても、ガマクの使い方ができておらずに、下半身の力を拳まで伝えることができなかったら、全身のパワーが一致した強烈な突き技が実現しないことは明白です。

つまり、チンクチとガマクは一体であり、剛柔流においては、基本となる三戦で、脇を締めつつ突きを繰り出す動作と丹田を捲り上げるようなフスガマクの入れ、クシガマクの抜きの動作を学ばせます。それを、呼吸とともにゆっくり体に練り込むことで、全身のパワーの一致、武術に必要な身体操作を身につけます。

ちなみに、このような身体操作は、武術としてより高い次元を学ぶということです。チンクチ、ガマクができていなくても、単に戦うだけであれば、体の大きな者が拳を振り回せば、あるいは運動神経に優れた者が機敏に突きを繰り出せば、それなりの立ち回りができるでしょう。

すると、「三戦は本当に稽古する意味があるのか？」という疑問が湧くかもしれません。しかし、体の大きさや運動神経に関わらず、それを身につけることで個々の能力を最大限に引き出せるものが技術です。三戦を基本としてチンクチやガマクの養成と、これらが一致した身体操作を身につけ、それを開手型に秘められた技の実用に活かしていくのが剛柔流の稽古体系です。

体の大きな者が小さな者を倒すのは簡単かもしれませんが、その逆は必ずしも簡単なことではありません。しかし、正しい身体操作を身につけることで、体の小さな者であっても体の大きな者を凌駕する威力を創り出すことは、十分に可能だと考えます。

逆に、チンクチやガマクの正しい使い方ができなければ剛柔流の動きが身につかないし、型に秘められた技の実用は難しくなります。

剛柔流の基本、三戦の型には、チンクチ、ガマクの養成といった各人の能力を最大限に引き出す正しい身体操作のエッセンスが集約されています。これについては、次項でさらに見ていきましょう。

# 三戦で養うチンクチとガマク

## ◉双手中段受けから中段突き

チンクチ、ガマクはどうやって鍛え、その使い方を身につけたらいいのでしょうか。剛柔流においては、まず三戦でしょう。

ここでは、三戦で稽古する際のポイントを紹介します。

まず用意の姿勢から右足を弧を描くように踏み出し、三戦立ちになりながら双手中段受け。左拳を脇に引き、左中段突きを繰り出す。突いた手は肘を落として中段受けの形を取る。こうした動作を左右3回繰り返します。

最初に足を踏み出す際は、膝と股関節の力を抜く（フスガマクを抜く）ことで前に倒れる力を利用して前進。踏み出したところで、足指で床を掴み、膝、腿を締めつつ骨盤を前方に捲り上げる（フスガマクを入れる）ようにします。

これと同時に、双手中段受けの形の中で、両肘を体から拳一つほどのところにしっかりと引きつけて脇を絞ります（チンクチを掛ける）。チンクチに3分ほど力が込められた状態です。この時、

①〜②でフスガマクを抜いて右足を進め、踏み出したらフスガマクを入れる

胸に力を入れてはならず、胸は広げて肩を落とし、背筋をまっすぐにします。

足指でしっかりと床を掴みながら、膝、腿を内側に締めつつ骨盤を上に捲り上げるようにすることで、足からの力が、螺旋上に骨盤（ガマク）、まっすぐになった背筋（軸）を通じて脇（チンクチ）で増幅されます。

これらの挙動を、長く吸って短く吐く呼吸とともに行うことで、全身の力が一致した、チンクチが掛かった状態になります。

次に拳を脇に引き、中段突きを突き出す際は、長く吸いながら引き、長く吐きながら出しますが、吸い始めとともに双手中段受けで捲り上げていたフスガマクは抜き、吸い終わる瞬間に再び入れます。これにより、ダムが水を湛えるようにパワーが蓄えられます。

次に、姿勢を保ちながら、一旦フスガマクを抜き、長い吐きの呼吸とともに拳を突き出します。突きが極まる瞬間に、短い吐きの呼吸と合わせてヒットマッスルを収縮させるとともにフスガマクを入れて全身の力を一致させ、拳の中に軽く握り込んだウズラの卵を、グシャッと握り潰すように力を集中させます（チンクチを掛ける）。

そして、前腕を大きく回すのではなく、肘を落とすようにして中段受けの形をとります。中段受けの動きには、長い吸いの呼吸から最後は短い吐きの呼吸に、フスガマクの抜きから入れ、チンクチを合わせます。

ちなみに第1章でも触れましたが、三戦の突き方を見ればわかる通り、あるいは基本稽古においても同様ですが、正拳突きを繰り出す際、肩は動かしていません。これは、肩の動きを抑えることで、チンクチの使い方を学ぶためです。肩を大きく回してしまうと、それに頼った突きになってしまい、チンクチが養成されにくくなります。

しかし、こうした稽古によってチンクチがしっかりと養成されたならば、肩を動かしたとしてもチンクチを使った突きができるようになります。むしろ、実際の戦いの中では肩を前に振り出したほうがさらに威力が増すのは当然です。作るのと使うのは別。こうした明確な指導体系があることも剛柔流の特徴です。

また、弧を描くような歩みについては、前屈立ち、四股立ちで移動稽古をする際にも共通です。この動きを用いて相手の足を払うことも可能ですが、大切なのは、ただまっすぐに動くのではなく、状況に応じてどの方向へも動けることを意味しているということです。こうした歩みが、取手から続く投げ技にもつながっていきます。

呼吸としては、前挙動の中段受けに伴い短く吐いた後、わずかに残った空気を自然に吐きながら歩を進めます。

## ◉回転して中段受け

突き出した拳を引くまでの身体操作は前項と同様。続いて、息を短く吐くとともに右足を交差させ、左拳を右肘下に差し込みます。この際、フスガマクは抜けた状態。全体重は左足に乗り、右足は拇指球を置いただけの状態から、短く吸うとともに右足のバネで弾けるように回転して中段を受けます。その後は前項と同じです。

ちなみに、左拳を右肘下に差し込む際は、掌側が上になります。掌側を下に向けるよりも上に向けたほうが、受ける力が逃げません。

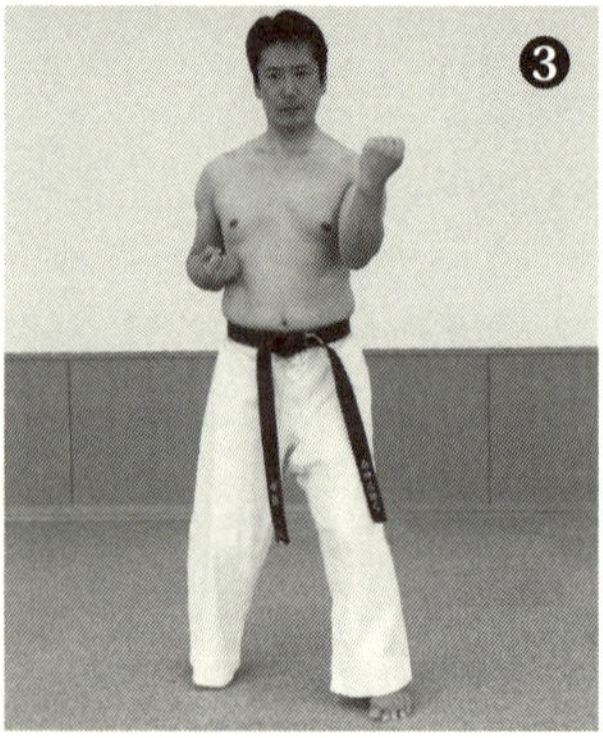

②ではフスガマクを抜き、③で入れる

## ◉双手開手中段受けから双手貫手

後方に3回進み、さらに回転してから3回突くところまではすでに説明したものと同じです。その後、双手開手中段受けから双手貫手の動作を繰り返します。双手開手中段受けの動作の中で、短い吸いの呼吸とともにフスガマクの抜きから入れ、双手貫手の動作の中で、短い吐きの呼吸とともにフスガマクの抜きから入れを行います。

呼吸とともに、フスガマクの抜きと入れを行う

## ◉回し受けで後退

長い吸いの呼吸とともに回し受け。フスガマクの抜きから両掌を脇に引きつけると同時にフスガマクが入ります。

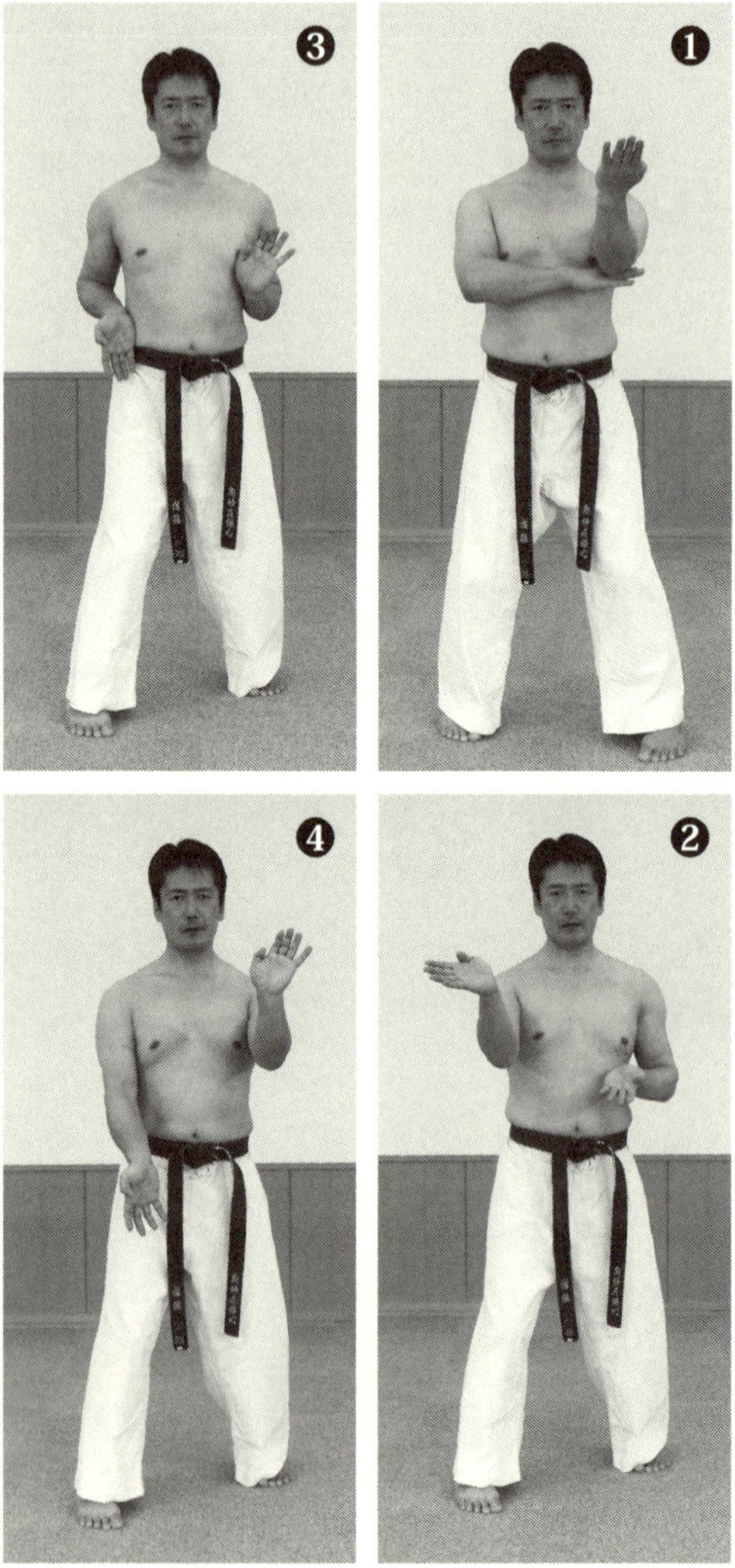


③でフスガマクを入れ、④でさらに抜きから入れを行う

次に、長い吐きの呼吸とともに、両掌を突き出しますが、これもフスガマクの抜きから入れを合わせます。

以上、三戦の稽古におけるチンクチ、ガマクを中心とした身体操作、呼吸法を練る際のポイントを紹介しました。

よく見掛けるのは、カーッ、カッという激しい呼吸とともに、先生が生徒の体を激しく打つ映像です。これを見ると、激しい呼吸や打たれ強い体を養成することが三戦の目的であるかのように誤解されがちです。

見た目としても、いかにも剛柔流の稽古をやっているように見えるし、やっている側もいかにも稽古したような気持ちになると思います。確かに、結果として打たれ強さが増すということがあるかもしれません。

しかし、既に紹介した通り、三戦はあくまで武術としての身体操作、つまり、正しい姿勢を保ちながら、呼吸とともに、下半身の締めからガマクを通り、チンクチを締め、拳に抜ける力のルートを作るための稽古法です。

激しい呼吸をしている理由は、ここの中で記した呼吸法を、師匠に見ていただけるようわかりやすくやっているためです。正しい呼吸が身についたなら、あるいは一人稽古の際は、激しい呼吸をする必要はありません。武術として大切なことは、あくまで呼吸と動作を一致させることであり、むしろ呼吸は見せるべきではないでしょう。

よく、首里手系と那覇手系では呼吸法が異なるという見解を見掛けますが、空手発祥地の沖縄においては、型の修練に際して呼吸を見せないということに、首里手（泊手を含む）と那覇手の違いはないと思われます。

三戦の激しい呼吸法は、呼吸と体の使い方の一致を学ぶための稽古法であり、呼吸法に関しても、基礎を作る段階と、これを実用していく段階で変わってくるのが、剛柔流拳法における上達システムです。

また、先生が生徒の体を激しく打つのも、決して打たれ強い体や忍耐力を養成するためではなく、正しい身体操作を身につけさせるためです。

「双手中段受けから中段突き」の中で、脇を絞ることや肩を落とすことについて記しましたが、師匠は生徒の体を触ってみて、正しい姿勢ができていれば、「よし！」という感じで軽くポンと叩きます。逆に、肩に力が入っている場合は、強く叩くと、痛みが脳天まで「ツーン」と走り、自然と肩が落ちてきます。

三戦というと、どうしても力を込めて突き出すようなイメージがあるかもしれません。しかし、ボクシングでも何でも同じだと思いますが、余分な力を込めた突きは、相手の体を打ち抜くというよりも、むしろ、押し、プッシュのような状態となり、見た目ほど威力はありません。

ただ、初心者に対していきなり力を抜くよう指導してもできないので、最初は力を込めて技の軌道や力の入れ方を学び、上達するにしたがって力を抜いていくという指導法を取ります。

力を抜くとは、完全に脱力するのではありません。必要な力以外を抜くということです。「双手中段受けから中段突き」の中で脇に3分ほど力が入ると記しましたが、これはそのことを意味します。

一般に流れている映像だけを見てしまうと、三戦で学ぶべき重要なポイントが見えなくなり、武術を学ぶ上では、逆効果になってしまうこともあります。

ポイントを正しくとらえて三戦の稽古をすることで、チンクチ、ガマクが養成され、開手型に秘められた技の実用につながっていきます。

# 首里手と那覇手の腰使いは違う？

前項では、三戦において、腰を前に捲り上げたり、逆にそれを抜いたりする前後の動き、すなわち、フスガマク、クシガマクの入れ抜きについて見てきました。

剛柔流においては、三戦で学ぶこのような前後のガマクの入れ抜きが、腰の使い方の基本となりますが、剛柔流に左右のガマク使いはないのでしょうか？　首里手系の動きを見てみると、腰は振らないとする見解がある一方で、腰を切り戻すような動きも見られます。首里手の基本となるナイファンチでは、左右のガマク使いを学ぶことが主要な目的の一つであると聞きます。

剛柔流を学ぶ以上、基本たる三戦に示す前後のガマクの入れ抜きをしっかりと稽古することは当然ですが、かつて筆者は、切り戻すような左右のガマクの使い方に四苦八苦したことがありました。

腰を切り戻すような動きとは、例えば平行立ちから基本稽古の要領で右の正拳突きをするなら、右のガマクを左方向に水平回転させるとともに突きを始動させ、相手に当たる瞬間に腰を右方向に切り戻すようにフスガマク（臍下丹田）を絞り上げる動きを指します。フスガマクを絞り上げる点は剛柔流の三戦と共通していますが、初動に腰の水平回転が加わっているように見えます。応用自在なガマク操作を学ぶことは、自らのレベルを向上させる上で必要不可欠であろうとは思ったものの、武才の乏しい筆者にとって、こうしたガマク使いはなかなかうまくいくものではありませんでした。

そこで、師匠に左右のガマク使いについて質問したことがありました。横着な筆者が期待していたのは、「うちは剛柔流だから、三戦に示す前後の腰の使い方だけしっかりやっていればよろしい」というものでしたが、師匠の答えは見事にそれを裏切るものでした。「様々な状況により

剛柔流でも、左右方向のガマク使いはある？

違いはあるが、基本的には相手との間合いによる」とのこと。つまり、剛柔流においても左右のガマク使いは必要だとの回答です。

そうは言っても、剛柔流の先生方が、腰を左右に切り戻すような動きで型を演ずるのは見たことがありません。さらに突っ込んで尋ねてみると、「状況に応じて適切な腰の使い方があるはずであり、剛柔流ではシソーチンやクルルンファに出てくるように、体を捻り込む動きの中で左右のガマク使い学ぶ」というものでした。

では、シソーチンやクルルンファにおける捻りの動きとはどのようなものでしょうか。それは、一歩前に踏み出した足の拇指球を中心に、下半身を一気に捻り込むことで力を生み出し、これに腰の捻りを合わせることで力を増幅させて技につなげていくというものです。そして、捻った体勢では動きが小さく形としては見えにくいかもしれませんが、最後の極めの瞬間にはフスガマクを締めます。そうしないと腰が流れてしまい、技の威力が十分に発揮されません。

こうした腰の使い方は、先ほど例に挙げた一部首里手系の腰の使い方、つまり腰の水平回転からフスガマクを締め上げるということと原理は変わりませんが、足の捻りと腰の捻りの連動を強調している点で、剛柔流に特徴的な稽古法であると言えるでしょう。

それに対して一部首里手系の腰使いは、大きく腰を切り戻す動きの中で力の増幅を学んでいるものと言えるのではないでしょうか。

クルルンファでの腰の切り戻し

シソーチンでの腰の切り戻し

これは最大の威力を生み出す身体操作を学ぶための、状況設定とそれに伴う稽古法の違いということであり、仮に剛柔流であっても、徹底的に左右の腰の切れを学ぶべき段階であれば、型を打つ各動作において、大きく切り戻すような腰の使い方を合わせることは効果的な稽古法です。

しかし、それが身についたならば、大きな動きの中で稽古していく必要はなくなります。

よく松村宗棍先生につながる首里手の身体操作においては、腰を切り戻すような動きはしないといった見解を見掛けますし、腰を切り戻すような演武をしない首里手系の先生が多いようにも思います。これは稽古を積み重ね、大きな動きによって稽古をする必要がなくなったことの表れではないでしょうか。

いずれにしても、流派にとらわれず戦いに必要な原理は同じはずですが、それを身につけるための状況設定や稽古法が異なるということです。逆に言えば、それが流派の違いということになるのかもしれません。

剛柔流の三戦において前後のガマクの入れ抜きが重視されているということは、腰を大きく左右に回転させることのできない短い距離、近い間合いを想定しているものと理解できるでしょうし、一部首里手系に見られる腰を切り戻すような動きは、しっかりと腰を左右に回転させることのできる長い距離、遠い間合いを想定しているものと理解できるでしょう。

言い換えれば、腰の左右回転＋フスガマクの絞り上げという原理はいずれにも共通するものの、近い間合いでは腰の左右回転は最小化されて見えなくなり、逆に遠い間合いの腰を回転させた体勢では、フスガマクの締め上げは最小化されて見えにくくなっているものと言えるでしょう。

武術としてあらゆる状況での戦いを想定する中にあっては、流派による稽古法の違いはあれど、前後、左右はもちろん、これらを基本として、状況に応じ最大の効果を発揮できる腰の使い方を身につけていくことが大切です。

# 「ムチミ」や「アティファ」って何？

一般的に、チンクチ、ガマクと並んで意味のわかりにくい言葉として、ムチミやアティファがあるでしょう。

これらもチンクチやガマクと関連するものであるため、ここで触れてみたいと思います。

## ◉ムチミは粘っこい、撓りある動き

チンクチ、ガマク、アティファが沖縄独特の方言であるのに対し、ムチミという言葉は、必ずしも沖縄に限られた言葉ではないようです。他の言葉同様に様々なとらえ方があると思いますが、漢字で表すと「餅身」あるいは「鞭身」と書いて、それぞれがそれなりの意味を表しています。

剛柔流拳法の立場から若干の説明を試みると、「餅身」とした場合は粘りっこい動き。例えば、型を演ずる際の粘っこい動きもムチミでしょうし、粘るように絡みつくことで相手を制するような動きもムチミとなるでしょう。剛柔流拳法においては、相手の動きを弾き飛ばすのではなく粘りつくような動きのことをムチミと言うようです。

一方「鞭身」とした場合は、文字通り鞭が撓《しな》るような技術、特に裏拳打ち、手刀打ち、拳槌打ちなどの打ち技がイメージしやすいと思いますが、そうした技術の到達目標を表す言葉のようです。例えば、同じ裏拳打ちにしても、力が入り過ぎていればムチミはないと言うでしょうし、余分な力が抜けてまさに鞭が撓るような打ち方になっていれば、ムチミがあると言えるでしょう。

余分な力を抜いていくためには、突き技など他の技にも共通ですが、チンクチ、ガマクといった体幹部を鍛えていくことが必要です。

余分な力を削り、無意識の中から自在に変化できるような粘っこい、あるいは撓りのある動きの特徴がムチミであると言えるでしょう。

## ◉アティファは浸透する威力

アティファは、漢字では「当破」と書く沖縄の言葉です。琉球舞踊などでも用いられ、一つの概念に固定できない言葉のようですが、武術においては、簡単に言えば当て身の破壊力のことを指します。

破壊力があるということならば、ブロックを叩き割る突きはアティファがあるのかというと、剛柔流拳法における理解の中では少しニュアンスが違うと思います。

では、どういうことか。それは、第1章における正拳中段突きの項にも関連します。固く握りしめた拳では、いくら強く突いても相手の体の表面で威力が散ってしまいやすくなりますが、余分な力の抜けた指関節から当たる突き技は、相手の体の内部まで浸透する威力が発生すると書きました。硬いブロックを叩き割る突きは、ここでいう体の表面で威力が散ってしまう突きであり、ブロックをも叩き割るほどの威力はあるものの、相手の体の内部まで浸透する破壊力、つまりアティファのある突きとは異なるということです。

逆に、余分な力が抜けて指関節から当たっていく突きに見られるような、相手の体の内部まで浸透する威力のある突きのことはアティファのある突きと言えるでしょう。

アティファのある打撃を身につけるためには、チンクチ、ガマクの鍛錬が不可欠です。

# 第3章

# 「受け」の不思議

# 上段揚げ受けは使えない？

頭上に揚げた前腕をほぼ垂直に顔の前へ下ろし、もう一方の前腕をクロスさせて頭上に捻り上げる。空手を学ぶ者なら誰もが知っている上段揚げ受けの動作です。

しかし、高速で飛んでくる相手の上段突きに対して、この上段揚げ受けは本当に使えるのでしょうか？　顔の前で腕をクロスしてわざわざ自分の視界を遮断して受ける。空手を学んだことのある人であれば、一度は疑問に感じたことがあるのではないかと思います。

先生に聞いても、基本は大切と言われるばかりでどうも釈然としない。とやかく言わずに稽古するべし、1万回やればわかるだろう。と稽古を重ねたものの、結局、黒帯、指導者になっても意味がわからない。そもそも自分には才能がないのか…。真面目な修行者ほどこんな気持ちになるかもしれません。

しかし、はっきり言うと、もともと基本の形そのままの上段揚げ受けでは、受けることは難しいのです。それどころか、自らの視覚を遮断するその動作は、相手の攻撃に間に合わないどころか危険でさえあります。

高速で飛んでくる上段突きを、上段揚げ受けで受けられるのか？

実はこの上段揚げ受けも、正拳上段突きと同様、もともと剛柔流には存在しないものでした。やはり宮城長順師が糸洲安恒先生から指導を受けたことにより、首里手系統から導入されたものです。

では、昔の剛柔流では、上段突きに対してどのような受けを行っていたのでしょうか。それは、中段掛け受けを上段に上げる形が中心でした。がっちりと受け止めるというよりも、掛け受けの動きで受け流すことで、即座に次の攻撃につなげられるようにするものです。

それならば、なぜ剛柔流は使えない上段揚げ受けをわざわざ取り入れて、後生大事に稽古を続けているのか？　ということになりますが、それはやはり、空手を学ぶ上で有効だからです。矛盾するように聞こえるかもしれませんが、基本の上段揚げ受けを稽古するのには次のような理由があります。

それは、頭上に前腕を捻り上げる動作によって、空手に必要な肩の筋肉と前腕の捻りの筋肉を作るということです。例えば、まだ空手を習い始めたばかりの子供を見てみると、突きを突かせてもただ肩が流れて腕はフニャフニャ、ほとんど腕を伸ばすだけの運動になってしまいがちです。

これはまだ空手に必要な肩、腕の筋肉ができていないためであり、突き技を含めて空手技全般に必要な筋肉を養成するためには、頭上に前腕を捻り上げる上段揚げ受けの動作を行うことが効果的なのです。

つまり、上段揚げ受けの動作は、「受け」という名前がついているので受けなければならないように感じられますが、そもそも名前そのものが空手の普及過程において後付けされたものであり、基本的に空手の発祥地の沖縄において、技に名称はありませんでした。

今や本土でつけられた技の名称が沖縄に逆輸入されて普通に使われていますが、本来上段揚げ受けは、受けることよりも、空手に必要な筋肉を作ることを目的とした運動というべきかもしれません。

むしろこの形で受けるくらいなら、顎へ前腕をかち上げるなどの打撃技として使うほうが有効

足捌きとともに上段揚げ受けを行う
撃砕第１の最初の挙動

でしょう。ですから、いくら稽古してもそのままでは受けられないのは当然です。

しかし、そんな上段揚げ受けも、少しの工夫で実用的な受け技に変化します。それは、歩方（足捌き）とともに行うことです。それを教えているのが、撃砕の型の最初の挙動です。

撃砕の最初の挙動は、右足を踏み出して左方向を向き、左上段揚げ受けを行います。すると、右足は後ろ足となります。後ろ足から動くということは、慣れない人には難しいと思いますが、これは剛柔流の基本的な歩方を教えているのです（本書関連ＤＶＤ『沖縄古伝 剛柔流拳法 型を活かす稽古法』で解説）。

このような歩方とともに用いることで、上段揚げ受けは自らの視界を遮ることもなく、むしろ有効に相手の攻撃を受け流せるようになります。

さらに発展させれば、上段揚げ受けはまっすぐ捻り上げるのではなく、少し肘を外に引きながら前腕を捻るようにすると、より楽に相手の攻撃を受け流せます。これを開手にすれば、掛け受けの動作と同じになります。つまり、もともとの剛柔流の動きに戻るのです。

そして、開手に切り替えることで、相手の攻撃をただ弾くだけではなく、取手技など次の展開につなげることが可能になります。

開手で、少し肘を外に引くと掛け受けになる

上級者は、肘を外に引きながら前腕を捻る

「なんだ、結局はもとの動きに戻るのであれば、最初からそうすればいいではないか」と思われるかもしれませんが、そうではありません。稽古の内容がレベルに応じて適切に変化することは、効果的に上達するために必要なのです。

先ほど例に挙げた空手を始めたばかりの子供のように、必要な筋肉がまだできていない者に対して、いきなり上級者と同じ動きをやらせても、効果的な稽古にはならないでしょう。きちっとした筋肉を養成した上で、上のレベルの動きに切り替えていくことが大切です。

加えて剛柔流拳法においては、上段揚げ受けの稽古をする際、レベルに応じてその軌道が変化します。初心者のうちは他の流派と同様にまっすぐ頭上に捻り上げますが、先ほども少し触れたように、上級者は前腕を捻り上げる際に少し肘を外に引きながら前腕を捻るようにします。これも序章で記した段階に応じた上達システムの一つです。

以上のことは、全て撃砕の型の最初の挙動から学べます。空手に必要な筋肉の養成（上段揚げ受け）と技の実用方法（歩方とともに行うこと）を示し、それを稽古することで段階を踏んでレベルアップできます（掛け受けの動きに切り替わる＝取手技など次の展開につなげられる）。

宮城長順師が創作された撃砕の型は、初級者向きの型とされていますが、実はその最初の挙動からして、このような深い内容を含んでいます。改めてその奥深さを知らされます。

## 中段外受けは肝心な動作が消えた！

中段外（内）受け、中段横受け、呼び方はいろいろあると思いますが、現在広く普及しているいわゆる中段外受けは、剛柔流拳法の立場から見ると、受けではなく、むしろ中段外打ちというべき動きに見えます。

それは、受けとして最も大切な部分、挙動の最後にあるべき肘の引きつけが消えており、初級レベルの攻防において相手の攻撃を弾くことは可能かもしれませんが、上級レベルの攻撃を受けきることは難しいとともに、次の攻防につなげることが難しい。ほとんど打撃技にしか使えない動きになっています。

剛柔流拳法における中段外受けの挙動を見てみると、挙動の最後に、前腕を捻りつつ肘を引きつける動きが入ります。

基本稽古としては、受ける側の拳を、中段に構えたもう一方の肘の下に掌側を上で差し入れ、

②で前腕を捻りつつ、肘を引きつける中段外受け

そこから肘が小さな円の軌道を描きつつ、技が極まる瞬間に前腕を外回転に捻りながら、肘を体から拳一つ空けたあたりに引きつけます。

この一連の動きの中で、肝心なのは最後の引きつけの部分です。極端な話、中段外受けを実際に使えるようにするための稽古をするならば、組手の構えの時の前の腕を、構えた位置からそのまま前腕を捻りながら肘を引きつけるだけでいいのです。

この動作の有効性は、組手の構えで構えたところへ、相手に本気で中段突きを突き込んでもらうことで簡単に検証できます。

相手の中段突きに対して、こちらは構えた位置から一切引きを取らずに、そのまま前腕の捻りとともに肘を引きつけるだけで、「あれ?」というくらいに突きは受け流されて、相手は体勢を崩してしまいます。勢いよく突けば突くほど体勢を崩すので、あとは好きなように攻撃を返せます。また、この肘を引きつける動きは、中段外受けを取手技に展開させていく際にも重要となり、まさに中段外受けの肝になる部分なのです。

しかし、現在一般に見掛ける中段外受けのほとんどは、この肝心な部分が消えてしまっています。そのため、受けとしてはそれほど有効でなく、むしろ打撃技として使うほうが有効だとも言えるでしょう。これも前項の上段揚げ受けに共通する点です。

空手発祥地の沖縄においては、剛柔流拳法に限らず首里手系の空手でも、古流の色合いを残す道場では、中段外受けの最後にはこの肘の引きつけが入ります。

構えた手の位置から、そのまま前腕の捻りとともに肘を引きつけるだけ

# 下段受けは、引き手のほうで受ける！

一般的な基本稽古の下段受けの動作を見てみましょう。

まず一方の拳を反対側の耳のあたりまで振りかぶる、もう一方の手は下段に伸ばし、両肘を寄せて腕がクロスしている形。そこから下の拳を脇に引きつつ、振りかぶった前腕を下段に叩き落とす。

②で一旦振りかぶる動作は、遅れをとるのでは？

だいたいこんな流れであろうと思います。しかし気になるのは、反対の耳のあたりまで振りかぶってから受けるという2挙動の動作です。いきなり飛んでくる相手の攻撃に対して、振りかぶった時点でやられてしまうのは一目瞭然です。

この基本技も、なぜわざわざ使えないような形で稽古しているのでしょうか。まだ本土の空手を学んでいた頃の筆者には、何よりもこの下段受けが不可解に見えました。果たして、上段揚げ受けのように、歩方とともに行うことで使えるようになるのでしょうか？

今回の答えはノーです。いくら歩方を使っても、振りかぶってから受けるという2挙動の動作である限り、使えるようにはなりません。

そうすると、下段受けこそ正真正銘の使えない動きなのでしょうか。いいえ、そんなことはありません。2つの視点を加えることにより、やはり有効な技となり得るのです。

一つ目。それは、そもそも受けだと思っているほうの手が受け手なのではなく、反対側の、最後は引き手になるほうの手が受けなのです。

「でも、どこで受けているの？　引き手になる手は、一見どこにも受けているような動作はないではないか？」と思われることでしょう。実は、一方の手を耳のあたりに振りかぶった時、もう一方の腕を下に交差する中間動作で受けているのです。

具体例を挙げてみましょう。相手が右の前蹴りを蹴ってきたとします。こちらは基本の形通りに右手を左の耳のあたりに振りかぶりますが、その時、下に交差する左の手で、前蹴りを払うのです。これによって流された相手の右足、あるいは距離によってはどこにでも、振りかぶったところから右の拳槌打ちを打ち込みます。

まさかと思っていた引き手になるほうの手を使い、腕をクロスする中間動作で受けることによ

下段受けの「引き手」で受け、「受け手」で打つ!

り、基本の下段受けは有効な技術となるのです。

どうしても一般的には、技が極まった最後の形だけをとらえて、その技の形ととらえてしまいます。しかし沖縄の空手においては、最後の形より中間動作が重要になっている場合が多いのです。

こうしたことは説明しない限り普通はわかりませんので、本土に空手普及が始まった頃の中心を担った若者たちが、大学で空手を習う4年の間に、そこまでの教えを受けることは少なかったのではないかと推測します。初級者のうちは、指導されたことを理屈抜きに反復していくことが重要だからです。

そんなこともあって、技の真の意味が広まらず、こじつけの理解、あるいは、沖縄空手においては初級者向けになされる説明が、そのまま広まってしまったということがあるのかもしれません。

二つ目。これは、見た目通り下段に振り下ろす腕で受けるものです。しかし、先に説明したように、振りかぶってしまったらその瞬間にやられてしまいます。よって、一切振りかぶらずに、構えた位置からそのまま下段に前腕を捻り下ろしていくのです。

これも実験すれば一目瞭然ですが、仮にお互い組手の構えで相対した時、相手が前蹴りを蹴ってきたとした場合、一切引かずに構えた前の手を下段に下ろすだけで、簡単に相手の蹴りを流すことができます。こうなれば流された相手に追撃を加えるのは自在です。

構えた手の位置から、そのまま受け手を下ろす下段受け（1拳動）

この時のポイントとしては、下段に下ろす前腕は、捻りながら流すようにするのが大切です。こうすることで、力対力でぶつかりあうのではなく、相手の攻撃力を利用して受け流して崩すことができます。耳の横までわざわざ振りかぶってから下段に打ち下ろす基本動作には、大きな動きの中で、こうした技に必要な前腕の捻りを身につけさせるという意味も含まれています。また、振りかぶった腕を「叩き落とす」ことで、最後の一瞬に力を集中させるコツを学ばせます。これは打撃のコツを学ぶことにも通じます。

このように、一見2挙動で使えない動きに見える基本の下段受けの動作も、実は空手の上達に必要ないくつもの要素を学ぶことができる効果的な稽古法なのです。

剛柔流拳法では、初級の段階ではこうした振りかぶる下段受けを学びますが、レベルが上がった段階では、耳の横に振りかぶる動作をやめ、構えた位置から一切引かず、両手首がクロスする中間動作を経て下段に受け流す形に変えていきます。

捻る筋肉と打ち込みの力の集中がある程度身についたのであれば、次は学んだ筋肉の使い方を活かして、より実用に近い形での稽古に移行するというものです。

これも、剛柔流拳法における段階に応じた上達システムの一つです。

上級者は、耳の横まで振りかぶらない形に変える

# 受け技は受けじゃない！ 中段内受けの例

ここまで読み進められた読者は、既に受け技というものが、「○○受け」という後付けの名称によりイメージ操作されている部分があって、本来はいろいろな意味を含むのだということを感じていると思います。

これは受け技に限ったことではなく、全ての基本技に言えることですが、ここでは中段内（外）受けを例に、一つの動きが多くの応用に展開していく例を紹介したいと思います。

まずは基本動作のポイントです。一般的に見られる基本の中段内（外）受けは、前腕を外から内側、つまり反対側の肩のほうへ移動させる動きです。下段受けの項でも紹介したのと同様、このような動きは打撃のコツを学ぶ初級段階の

中段内受けは、受け技とは限らない！

稽古として有効になります。

しかし、剛柔流拳法の場合は、前腕を手前に巻き込むような動作で行います。巻き込みの最後に肘が体に引きつけられ、脇に力が集中するというものです。この脇に力が集中する瞬間は「チンクチを掛ける」と表現してもいいでしょう。

このようなポイントを理解して基本稽古を行うことにより、空手に必要な筋肉の使い方が身につきます。そうした筋肉の使い方は空手の技全てに共通する普遍的なものとして、様々な応用に展開することを可能にします。

中段内受けの応用例をいくつか紹介してみましょう。

## ◉受け技

これは文字通り受け技に使うものであり、説明する必要はないでしょう。

ただ、本来空手の受けは片手で行うものではありません。引き手になるほうの手も使い、両手で相手の突きを受け流すイメージをもって稽古します。

これにより、単に受けるだけで終わるのではなく、

引き手も使い、取手技に展開する受け技

さらに取手技などに展開していくことが可能になります。

## ◉外し技

例えば、相手が左手でこちらの右手首を掴んできた場合、内受けの動作で外すことが可能です。外した段階で右手を振りかぶった状態にあるので、その流れのまま手刀横打ちなどの攻撃につなげていくことも可能でしょう。

「内受け」を用いた外し技

## ◉取手技

同じように、例えば相手が左手でこちらの右手首を掴んできた場合、内受けの動きをすることで相手の体勢が崩れます。この際、基本動作では引き手となる左手で相手の手を取り、合気道でいう小手返しのような形にとらえて極めます。

そこへ、外し技の時と同様、振りかぶった状態の右手から攻撃を加えることは自在です。

「内受け」を用いた取手技

◉関節技

相手が左手でこちらの左手首を掴んできたとします。こちらは掴まれた左手を返して相手の左手首を取り返し、右内受けの動きで相手の左腕肘関節を極めます。

「内受け」で肘関節を極める

## ◉投げ技

相手が右手で胸倉を掴んできたとします。こちらは左手で相手の右手を押さえて固定し、右中段内受けの動きで、相手の右腕肘関節が屈するように巻き込みます。左足を引く足捌きとともに行うことで、相手を投げることができます。

「内受け」を用いた投げ技

## ◉打撃技

相手が左の中段突きを突いてきたとします。こちらは、左掌で突きを押さえ、同時に右内受けの動きで相手の顔面にカウンターの右拳槌を打ち込みます。

「内受け」を用いた拳槌打ち

## ◉打撃技＋関節技

これも相手が左の中段突きを突いてきたとしましょう。これに対して、左掌で相手の突きを押さえ、挟み込むように外側から相手の肘に前腕を打ち込むことで肘を破壊します。そのまま左手で相手の左手首をとらえ、右前腕で相手の肘関節部を押さえて極めます。

「内受け」で肘を破壊し、そのまま肘関節を極める、非常に危険な技

以上、中段内受けの応用例を紹介しましたが、この他にも様々な動きに展開していくことができます。

学べば学ぶほど幾重にも技が展開していくことが、空手を学ぶことの楽しさの一つだと思います。ぜひ皆さんもいろいろと研究してみてください。ただし、そのためにはチンクチ、ガマクの養成が必要です。

## 速く動くな！　ゆっくり動け？

「速く動くな！　ゆっくり動け！」これは、筆者が剛柔流拳法の歩方とともに、中段内受けの基本動作を稽古していた時に師匠から掛けられた言葉です。

「そう言われても、ゆっくりと受けていたら相手の攻撃に対して間に合わないのに、どうして？」というのが普通に湧いてくる疑問だと思います。

もし相手の突き技を単純に弾くだけで良しとするならば、速く動く必要があるでしょう。しかし剛柔流拳法においては、相手の攻撃を弾くだけの動きは、初級の段階で空手に必要な筋肉を養成するためのものであり、そこでは少しでも速い動きを稽古することが大切です。

しかし、必要な筋肉使いを養成した次の段階においては、その動きが様々な応用に展開できるような稽古に移行していかなければなりません。師匠のアドバイスはこれを踏まえたものであり、「速く動くな！　ゆっくり動け！」とは、相手を誘導して崩し、取手技や投げ技につなげるためのアドバイスなのです。

例を挙げて説明してみましょう。例えば、相手が左の中段突きを突いてきたとします。これを速い右中段内受けで弾くこともできますが、それではただ突きを外すだけで終わってしまいます。さらに高いレベルを求めるのであれば、相手の突きを利用して次の展開につなげることが重要になってきます。これは突きに限らず、例えば相手が掴んできた場合も同様です。相手が左手でこちらの左手を掴んできた場合を例に見てみましょう。

前項の中段内受けで紹介したように、相手の手首を、掴まれた左手で取り返して右の中段内受けの形で関節技を極めることができますが、このような場合に力ずくで対抗しようとすると、相手はますます強い力で対抗してきます。

しかし力ずくではなく、相手にこちらの力を覚られないような形で誘導してやると、むしろ相手の強力な力を利用しながら、右中段内受けの形を応用した関節技で相手の左肘を極めることができます。筆者は合気道については門外漢ですが、このような技術は合気道にも共通するのかもしれません。

こうしたことを念頭に置いた時、この場合の中段内受けは、息を吸いながらゆっくりと始動させ、最後の一瞬に呼気とともに脇（チンクチ）を絞ることで巻き込みを極めるという稽古法をとります。

弾くような内受けを剛としたら、こちらは柔。何度も記しているように、剛柔流拳法においては、同じ技でもレベルに応じて変化させていきます。

また、ゆっくり動くといえば、剛柔流には三戦と転掌の型があります。同じゆっくりと動く型でも、初級者は三戦で正しい筋肉の使い方や呼吸法を学び、上級者は転掌で柔らかい動きを学びます。

これも、剛の技から柔の技へとレベルアップしていくための、剛柔流拳法における段階に応じた上達システムの一つです。

最後にもう一つ。本題からは逸れてしまいますが、転掌が出てきたので、ここで剛柔流拳法の転掌に、特徴的な技術があることを紹介させていただきます。打撃は通常、吐く呼吸とともに行うことで大きな威力を発揮しますが、剛柔流拳法の転掌には、弧受けの動作の中で、吸う呼吸による打撃の技法が伝えられています。

転掌の「弧受け」を用いた、吸う呼吸による打撃

Column

## 海外空手日記

# ヨーロッパ編

### その１

作曲家・ピアニストとして有名なフランツ・リストを生み、「ドナウの真珠」とも称される美しい街、ブダペストを首都とするのが東欧のハンガリーです。

２０１７年８月、久場師とともにヨーロッパ・サマーキャンプにおける指導のために隣国スロバキアとともに訪れました。

剛柔流拳法を学ぶヨーロッパ勢は、第８章で紹介するラースロー氏の指導のもと、毎年ヨーロッパと沖縄を行き来し、とても充実した稽古に取り組んでいると感じていましたが、中でもその組手稽古は特徴的でした。

まず、子供たちを中心に競技スタイルの組手を希望する者は、オリンピックルールによる組手稽古を行います。これは、一般に見られる競技スタイルの組手稽古です。

これと並行して、希望する者は、顔面や金的などの急所を含めて相手のどこを攻撃してもよく、さらに投げ技、関節技もＯＫというルール制限のない、まさに「自由組手」を行います。

軍隊出身で警察の武術師範、競技スタイルの空手でも長くヨーロッパチャンピオンの座に君臨していたラースロー氏が、年齢を重ねても一層深めていける生涯武道を追究する中で編み出した稽古法のようですが、本当に目や金的を攻撃していいのでしょうか？

稽古場に集まっているのは、優に身長2メートルを超える大男や、ナチュラルに体重100キロを超えるであろう分厚い樽のような巨漢、身長は180センチ程度（!?）だが見るからに鍛えぬいたアスリート系の筋肉マンなど。実は今回のハンガリー遠征において、技術指導に加えて私のもう一つの大きな目的は、この自由組手稽古に参加することでした。久場師からは、ぜひ一度経験してみるといいよと勧められており、興味津々です。

しかし、禁じ手がないという自由組手、果たして剣道のように防具で身を固めたフル装備で戦うのか？　稽古場を見渡し

ハンガリーの首都ブダペスト、ドナウ川と王宮

スロバキアで指導する筆者

ても防具の類は見当たりません。そして、あんな大男たちとルール制限のない自由組手を行った時、私の技術は通用するのだろうか。それとも…。

ともかくも、ひとまずその様子を見てみると、確かに突きや蹴りをしっかりと相手の体に当てていますが、顔面への攻撃は寸止めしているように見えます。また、時には投げたり、両者もつれて転がりながら腕関節を取りにいったり、場合によっては馬乗りになるペアもあるようです。

目の前で大男たちがぶつかりあう様子は、怖いくらいの迫力がありましたが、とても興味がひかれます。まずは、身長2メートルは楽に超えると思われる一番大きな人に声を掛けてみました。万が一に備えて日本から持ってきた金的ファウルカップだけはしっかり着用し、いざ対戦です。

（コラム「ヨーロッパ編」その2へ続く）

# 第4章 「蹴り」の不思議

# 前蹴りは足首を伸ばさない？

皆さん、前蹴りはどこで蹴りますか？　足先や足裏全体を使ったり、様々に応用できると思いますが、基本的には中足で蹴るのが一般的ではないでしょうか。この場合、足首を伸ばして蹴り込む形となるでしょう。

では沖縄の伝統空手ではどうでしょうか。首里手の大家である花城長茂先生の『空手道大観』に掲載されている有名な写真を見てみると、足首を上に返した形で蹴っています。これは首里手系に限らず、剛柔流・宮城長順師の写真を見ても同様であり、首里手系、那覇手系ともに共通しているようです。これはどういうことでしょうか。

現代の組手競技、特に寸止め系においては、足首を上に返した状態では、中段であれ、上段であれ、足裏全体が目標に向かう形となり、ポイントとなりにくいように思われます。

しかし、武術として伝承されていた沖縄の空手においては、そもそも蹴る位置が、中段、上段ではありませんでした。「キリヤフスマディ（蹴りはへそまで）」と言われるように、蹴り技は原則としてへそから下を蹴るものでした。

足首を上に返した宮城長順師（左）の前蹴り

足首を上に返して蹴っている首里手の花城長茂先生

現代とは異なり、石がごろごろしている不安定な路面において、また、空手を習練する士族たちは着物を着ていたため、高い位置を蹴ることが困難であったということがあります。

また、武術という性質上、足を高く上げることにより自らを不安定な状態に置くこと、そして急所である金的をあらわにしてしまうことを避けたと言えます。

しかし、「それで高い位置を蹴らなかったということはわかるが、帯より下であっても、膀胱あたりは、中足で蹴り込むと強烈なダメージを与えられるのでは？　その場合、足首を伸ばしたほうが有効なのでは？」そんな意見が出るはずです。確かにその通りであり、人体の中でも急所となる膀胱あたりを蹴る場合は、そのような蹴り方が有効になるでしょう。

では、なぜ昔の沖縄の空手大家の前蹴りの写真は、足首を上に返しているのでしょうか。その理由の一つとして、狙う位置が金的だからということがあります。

金的を蹴る場合、足首を伸ばして足の甲で下から蹴る形では、相手が体勢を崩していない限り太腿に遮られて金的には当たりにくいですが、足首を曲げて足先で蹴る形ならよく当たります。膀胱やへそより上を狙う場合には、足首を伸ばした形も有効ですが、金的を蹴るなら足首を上に返し、下から突き上げるように狙います。

よって、へそから上は原則として蹴らない古流の空手において、前蹴りは膀胱部を除き足首を上に返して蹴るのが一般的ということになりそうです。しかし、実は膀胱部を狙う場合であっても、剛柔流拳法においては、足首を上に返す蹴り方が伝えられています。

それは、中足で膀胱を蹴った後、さらにそのまま踵で蹴り込むというものです。本来の蹴りはこのように2段階で打ち込むものとして伝わっています。現代では靴を履くなど生活習慣も変わっており、そのまま使えるかどうかはわかりません。

しかしこれを踏まえると、もちろん様々な応用はありますが、古伝の沖縄の前蹴りは、いずれにしても足首を上に返した形が中心となるようです。

中足で膀胱を蹴った後、そのまま足首を上に返して踵で蹴り込む前蹴り

# 体を上下させたほうが良い？

空手の蹴り技の稽古方法として、定位置基本、移動基本のいずれも、前屈立ちから前蹴りや回し蹴りを蹴る稽古方法があります。その際の注意事項として、体を上下させるな。軸足を伸ばさず、腰の高さを一定に保って蹴るように。と、口酸っぱく指導されることがあります。

しかし、実際に蹴り合って相手をノックアウトするムエタイを見ても、軸足を曲げて腰を落としたまま蹴っているようには見えません。むしろ、軸足をしっかりと伸ばして蹴っているように見えます。

では、軸足を伸ばさず、腰の高さを一定に保って蹴ることの意味は何でしょうか。それは、空手に必要な軸足を作るためです。軸足がフラフラしていては、威力のある蹴りを繰り出すことができないのは当然です。

そこで、基本稽古の中では、あえて軸足を曲げて重心を落とし、より負荷の大きい体勢で稽古することにより、軸足の筋肉を養成しているのです。受け技の章で紹介した、上段揚げ受けが空手に必要な筋肉作りの運動であることと同じ理由です。

よって、実際に戦う場合には、基本稽古で養成した軸足をぐんと伸ばし、威力を増幅させていく必要があります。

ここでややこしいのが、現代の競技組手、特に寸止め系競技の中でポイントを得るためには、基本通りに軸足を伸ばさずに蹴るほうが、技をコントロールしやすいという側面があるということです。そのため、鍛錬としての基本稽古の蹴り技が、試合の中でそのまま有効になり、軸足を伸ばさないことが普通に受け入れられやすいという背景があるかもしれません。

しかし、実際に相手に対してダメージを与えようとするならば、軸足をぐんと伸ばして蹴るほうが有効であることは一目瞭然でしょう。

首里手系の型においては、この鍛錬の要素に重きを置き、軸足を曲げたまま蹴るものが多いようですが、剛柔流においては、軸足を伸ばすことによって蹴りの威力を最大限に発揮させることを、型の中で明確に示しています。

それは、サイファーの型における前蹴りです。一度体を沈めてから、軸足をぐんと伸ばして体を浮き上がらせつつ、右前蹴りを蹴ります。そして、再び体を沈めた後、浮かび上がって左前蹴りを蹴ります。

こうした体の上下動は、「浮き（ウキ）」「沈み（シジミ）」と言われ、空手における重要な動きとして、サイファーなどにより学んでいきます。

サイファーの前蹴りでは、体を沈めてから（①）、軸足をぐんと伸ばして体を上げ（②）、蹴る（③）。左の蹴りも同じく（④⑤）

体を上下させないことで養成した軸足により、実際の戦いの中では自在に上下動を使う。空手の各種基本動作には、一見不合理に見えるものがたくさんありますが、そうしたことによって養成した基礎は戦いの中で活きてきます。

## 蹴り足は引かない？

前項に出てきた蹴り技の定位置基本、前屈立ちから後ろ足で蹴り、引いて戻すという稽古方法について、もう一つのポイントを見てみましょう。それは、蹴り足を引いて戻すという部分です。型においても、首里手系では、比較的このように蹴り足を後ろに引き取る動きが多く見受けられます。しかし剛柔流においては、例外はありますが、蹴った足は前に踏み込むことが原則です。基本稽古で蹴り足を引くということについては、これも蹴りに必要な筋肉を作るための運動としていいのですが、剛柔流拳法で蹴り足を前に踏み込むことを原則としているのには、主に二つの理由があります。

一つ目は、至極当然なことですが、引くことを前提とした蹴りよりも、そのまま突き抜けるように前に踏み出す蹴りのほうが、威力が大きいということです。

寸止め系の競技組手のようにポイントを争う場合には、引き足を取るほうがポイントを取るためのコントロールをしやすいということがあるかもしれません。しかし、相手にダメージを与えることを考えた場合は、深く蹴り込めるよう、蹴り足を引かずに前に下ろすほうが有効であることは当然です。

二つ目として、前に踏み込む足で、相手の足を踏んで固定するということです。競技の中では通常反則になりますが、武術としては、蹴った足を引き戻してしまうのはもったいない。相手の足の甲にある急所を踏むことで痛めつける、あるいは踏みつけて相手を固定し、そこからさらに自らの脛を使って相手の脛を押し崩し、追撃を加えることもできます。

撃砕やクルルンファなどの型において、前蹴りを引かずに前に踏み込み、肘打ちにつなげる挙動は、このことを教えています。

一方、セイサンのように蹴り足を後ろまで引き取るものもありますが、これは、後ろから抱きかかえられた場合、後ろの相手を踏みつけるなどの特殊な用法を示しており、例外的なケースとなります。

このように剛柔流においては、蹴り足を前に下ろすことが基本となります。そしてこのことは、空手の稽古体系にも影響を与えています。空手においては、左前の構え、右前の構え、通常いずれも均等に稽古していきます。これは、蹴り足を踏み込むことで構えが逆になるからこそ、いずれの構えの場合も均等に稽古していく必要があるということを表しています。

原則として、蹴った足は引かずに下ろす。下ろした足で踏みつけて膝で崩し、追撃

## 蹴りは関節技①　外回し蹴りの例

「蹴りは関節技である」と言うと、「何を意味のわからないことを言っているのか」と思われそうです。しかし、空手発祥地の沖縄においては、そもそも蹴り技の多くは、関節を攻めることに使われます。これについて、本項と次項の2回にわたり説明していきます。

まずは、足をほぼ伸ばしたまま外から内に大きく回す、いわゆる外（内）回し蹴りです。かつてはK－1のアンディ・フグ選手が、これを応用した踵落としで一世を風靡しましたが、それがどうして関節技なのでしょうか。

剛柔流において、この技はスーパーリンペイの終盤に出てきます。後方に掬い受け、払い受けで数回進んだ後、正面に方向転換して左開手の中段受け、続いて右の外回し蹴りを左掌に当てて回転する動作です。

では、この分解例を見てみましょう。まず相手が左手でこちらの左手首を掴んできたとします。左開手中段受けの動きは、相手の手首を取り返すことを意味します。相手は手首を掴まれ、左肘が伸びた状態です。そこへ型そのままの右外回し蹴りの動作により、足底（土踏まず）で相手の肘関節を押さえると、肘が極まって相手はうつ伏せに崩れます。こちらはそのまま相手の腕をまたいで腕の上にあぐらをかいて座ってしまうと、相手の左肘は完全に破壊されてしまうと同時に、極められたまま固められてしまいます。

よく、外回し蹴りで相手の突きを払うという説明を見ることもありますが、より速い突き技を蹴りで払うということは、よほどの実力差がない限り難しいでしょう。

外回し蹴りは、関節技として使える!

相手の肘を外回し蹴りで押さえ崩し、そのまま固める

しかし、沖縄の空手において、一つの技は一つの動作を意味するものではありません。体勢や相手との距離によっては、相手の腎臓部などへ蹴り込む用法もあり、この場合は蹴り技として有効になります。

また、外回し蹴りが関節技なら、反対回しの内回し蹴りはどうなのか、ということもあります。実はこれも同様に関節技となります。

こちらも、相手が左手でこちらの左手首を掴んできた時、相手の手首を取り返したという、先ほどと同じ状態を想定してみましょう。

今度は左内回し蹴りの動きから、左足足刀を使って相手の左腕肘関節を押さえます。そのまま前のめりに崩し、腕をまたいで座ってしまうと、外回し蹴りと同様に相手の左肘関節をパカンと破壊することができます。座る方向が反対になるだけです。

こちらも状況に応じて蹴り技として有効になる使い方もありますが、そうしたことを各自で工夫してみるのも空手の面白さの一つです。

内回し蹴りも同様に、相手の肘を押さえ崩して、
固めることができる

# 蹴りは関節技② 下段足刀蹴り等の例

現代の競技を中心とした空手道の中では、通常はいずれのルールにおいても、膝関節を攻撃することは反則となるため、膝関節を狙う蹴り技を見掛ける機会はあまりありません。

しかし、主としてへそから下を蹴り技の攻撃対象とする沖縄の空手においては、先に紹介した足技の他にも、膝関節を攻める技法が多数存在します。

特に相手と密着した場合に有効な膝関節への蹴り技。ここでは剛柔流拳法で基本稽古に取り入れている足刀蹴り、足底蹴り、踵蹴りという3つの下段への蹴りについて紹介します。

## ●足刀蹴り

足刀による下段蹴りは、古くから沖縄では特に重要とされた蹴り技です。基本の動作では、上体をなるべく動かさず、足底（土踏まず）で掬うように蹴り足を刈り上げ、軸足をやや落としながら地面すれすれの低い位置を蹴ります。

ここでいくつかのポイントがあります。まずは足底で掬うように刈り上げる動作、次に蹴り込

下段足刀蹴りは、刈り上げる動作（①）と蹴り込む動作（②）、両方に意味がある

む動作です。

まず足底で掬うように刈り上げる動作は、相手の足を刈って崩すことを意味します。足を刈られて踏ん張った相手は、膝が伸びた状態になりますから、そこに蹴り込むというものです。

その蹴り込みも、膝そのものを蹴るというよりは、蹴ってそのまま地面に叩きつけることが重要になります。蹴るだけでなく地面に叩きつけて膝を破壊するという恐ろしい技ですが、武術として伝承された剛柔流拳法は、あくまで合理的に相手を制する技術を継承しています。だからこそ、地面すれすれの低い位置を蹴るのです。

そしてもう一つ重要なことは、先に「上体をなるべく動かさず」と記しましたが、上体を捻らないということです。

競技の中で型を演ずる際は、体をダイナミックに捻るほうが見た目の迫力があります。しかし体を捻ってしまうと、蹴りの力が相手に伝わらずに逸れてしまいます。あくまで体は捻らずに、軸足を落とすことによってまっすぐに体重を蹴り足に乗せていくことが大切です。

相手の足を刈り、伸びた膝関節を足刀で破壊する

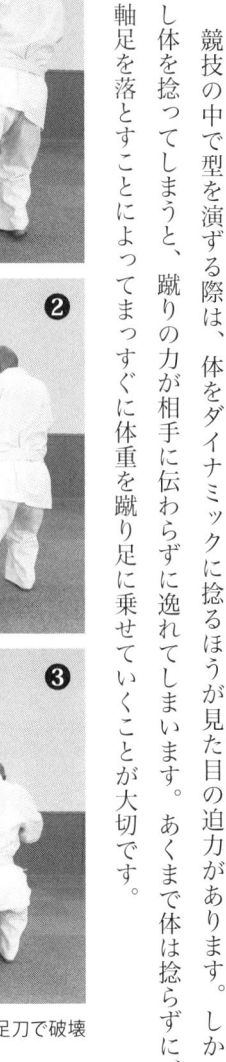

## ◉足刀の形

足刀蹴りについて紹介したので、この際、足刀の形についても触れておきます。

一般的な足刀の形としては、親指を反らし、他の4指を反対側に返す形です。しかし、足刀蹴りにおいて重要なことは、足首をしっかり返すことであって、剛柔流拳法においては、指の形にはそれほどこだわりません。

足刀蹴りにおいて当て込む箇所は、足刀の中央より踵側の部分が基本になります。蹴りの力をまっすぐに相手に伝えるという観点からは、つま先側よりも踵側のほうが威力があるのは当然です。

そのためには、足首をしっかり返すことが大切です。仮に親指を反らせる一般的な足刀の形がきれいにできていたとしても、足首がしっかり返ることなく伸びてしまっていては、蹴りの威力がストレートに伝わらないのと同時に、足首を痛めてしまうことにもつながります。

これが、足指の形よりも足首の返しが重要であることの理由です。その点から見た場合、足指を全て反らせると、より足首を返しやすくなるため、初心者には全ての足指を反らせた足刀の形がやりやすいかもしれません。

このように、足首の返しに比べればさほど重要ではない足指の形ですが、剛柔流拳法において

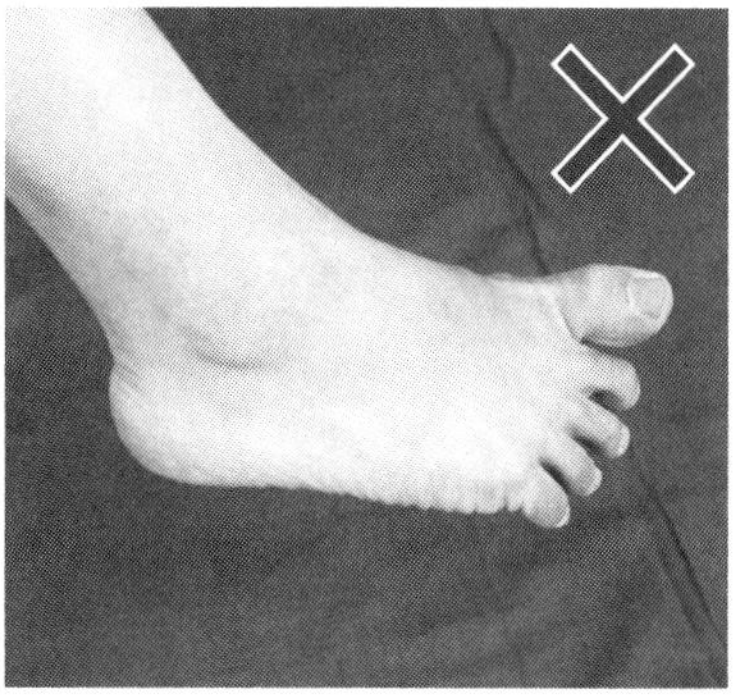
足首が伸びた悪い例

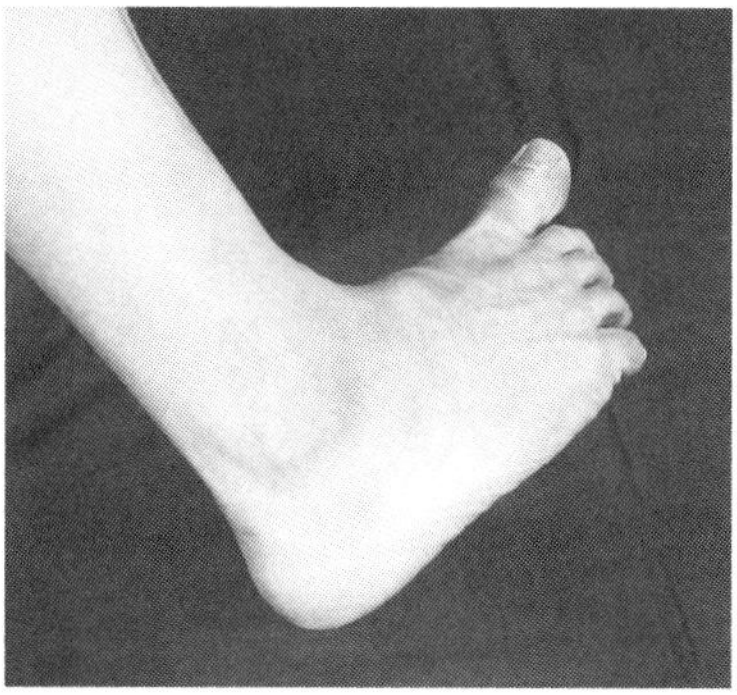
親指だけを反らせた一般的な足刀

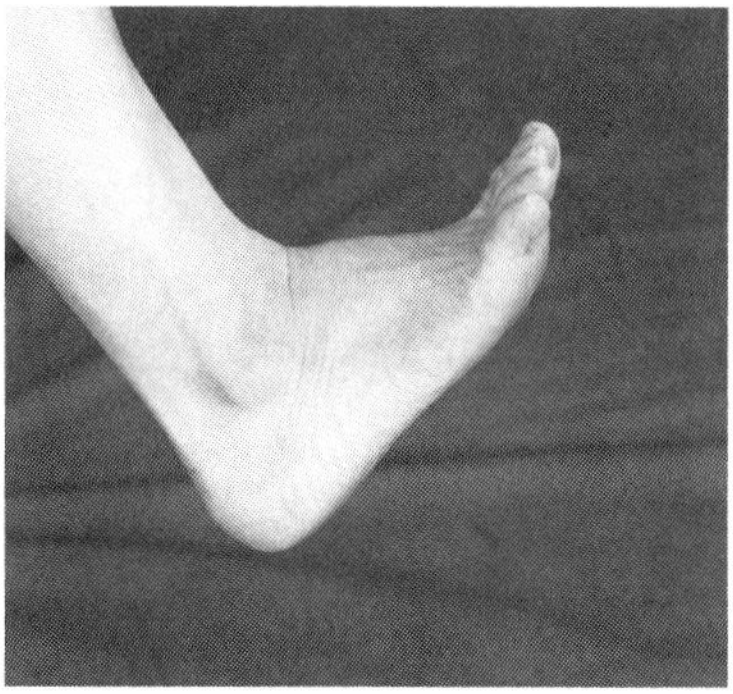
全指を反らせると、足首を返しやすい

は、足刀下段蹴りで相手の体勢を崩したら、そのまま内腿などの柔らかい箇所に足先で蹴り込む技法が伝えられています。

そうした足先蹴りの足指の形は、全足指を反らせた状態から、全足指の第1関節部を握り込むようにして足先を固めます。上地流の足先蹴りは有名ですが、剛柔流拳法においてもこのような形で伝承されています。

足先蹴りの形で足刀下段蹴りを行い、相手が崩れたら、足先を内腿に突き刺す

次の展開につなげやすいという点においては、このような足先を固める足刀の形は、より応用範囲に広がりを持つと言えるでしょう。

参考までに、親指を反らして他の4指を反対側に返す形の足刀の場合、相手の空手衣に指が引っ掛かって負傷するといった事例もあったことから、危険を避けるという点からも、また、次の展開につなげるという点からも、筆者は足先を固めた足刀の形で稽古しています。

## ◉足底蹴り

足底蹴りは、足先を外に返し、膝が外を向く形で膝を高く上げ、軸足に交差させるように足底（土踏まず）で踏みつけます。

相手の膝関節を、外側からでも内側からでも折るように踏みつけ、地面に叩きつけます。

足底蹴りも、相手の膝関節を折るように踏みつける

## ◉踵蹴り

踵蹴りは、膝をまっすぐに上げたところから、前方へ踵を踏みつける動作であり、特に倒れた相手に対して有効です。

踵蹴りは、前方に踏みつける際に使う

以上は、いずれもこちらが立った状態で踏みつける技となっていますが、万が一こちらが倒れている場合でも、これら3種類の蹴りを駆使して、相手の足首や膝関節を絡め取り、相手を倒す技術が伝えられています。剛柔流拳法においては、これらを受け身の稽古と合わせて行っています。

「蹴りはへそまで」として、下段への蹴りは剛柔流拳法でとても重要視されますが、それは蹴り技だけにとどまらず、関節技、絡め技など幅広い技法に展開していくものです。

# 第5章

# 「型」の不思議

# 型の稽古はなぜ大事なの？

空手の型は本当に必要なのか？　空手を学ぶ者なら誰もが一度は抱く疑問でしょう。キックボクシングや総合格闘技には空手のような型はありません。では、なぜ？

それには大きく二つの意義があります。第一に技を伝えること。第二に身体操作法を学ぶことです。

まず第一の技を伝えることについて。型の中には、武術として戦うことに必要な技が織り込まれています。その多くが、現代の競技空手においては使用が禁じられているものですが、抽象化、様式化された動きの中でそうした技術が伝えられています。

この抽象化、様式化されていることがポイントであり、だからこそ一見すると実際には使えない踊りのように見えてしまうのでしょう。

しかし、ある意味でその見方は正しいと言えます。なぜなら、抽象化、様式化されている型の動きは、実際に使う際の技になりきっておらず、型そのままの形では戦えない。これはまさしく見ての通りです。型だけを何千回稽古しても、そのままの形で実際に戦うことは難しいでしょう。

双手中段受けは、実際どう使う？

では、やっぱり型を稽古しても意味はないのでしょうか？ 改めてもとの質問に戻ってしまいましたが、それでもやはり、空手の型は必要なのです。なぜか。型は、幾重にも展開する個別の技のエッセンスを抽象化、様式化して一つの動きに集約することで、技に入るための基本を教えているのです。幾重にも展開する技を一つの動作の中で教えようとするからこそ抽象化、様式化されているのです。

そして、型に示す基本をもとに、実用するための若干の調整を行うことで、抽象化、様式化された技は、具体的に使える技となります。

一例を挙げてみると、三戦、セイサン、スーパーリンペイなどの型に出てくる最初の挙動である双手中段受けの形。もちろんこの形は抽象化、様式化されていて、このままでは戦うことはできません。相手の攻撃に対して、このような形そのままでは、やられてしまうのは一目瞭然です。

ここで、剛柔流拳法における分解例を見てみましょう。例えば、相手が右の中段突きを突いてきたとします。こちらは型通りに左の中段受けで受けることができるでしょう。しかし、相手はそこで止まってくれません、すぐに反対の左の突きが飛んできます。そこで、型の中で右中段受けとなっている形は、実際は右手で相手の左手を押さえて次の攻撃を防ぎます。

続いて、相手の中段突きを受けた左手は、そのまま自らの体の捻りとともに突きにつなげます。

このように、型に示す動作をもとに、若干の調整を加えることで活きた技となるのです。

こうした実用技への転換は、師の指導、そして、どんなルールでもいい、相手と戦う経験の中から生まれてくるものですが、これをより有効なものとして機能させるためには、型を学ぶ意義

双手中段受けを実際の攻防に活かす

のもう一つ、身体操作を養成していくことが必要です。

型から抽出された技の形だけを真似してみても、その技が実際に威力、効力のあるものでなければ意味がありません。そのためには、まっすぐな軸を中心に、体幹部の力を十分に相手に伝えられる身体操作が必要となります。

それがチンクチ、ガマクであり、型に秘められた幾重にも展開する技法を真に威力のあるものとするために必須のものなのです。型を正しく稽古することは、このチンクチやガマクの使い方を学ぶ上で非常に有効です。

剛柔流拳法においては、フスガマク、クシガマクの入れ抜きといった、腰を前に捲り上げるような前後の腰の使い方を三戦で学び、左右の腰の使い方を開手型で学びます。特に初級の段階においては、技の使い方よりも、こうした身体操作を徹底して学ばせます。

剛柔流の流祖・宮城長順師は、型を指導する際、チンクチやガマクなど、体幹部の動きができているかどうかだけを見ていたといいます。よって、型がうまくても筋肉の使い方ができていなければだめだと言い、型があまりうまくなくても、チンクチやガマクなど体幹部の使い方ができていれば良しと言ったそうです。

型は、競技スポーツではない、武術だからこそその技を伝えているとともに、空手に必要な身体操作を教えています。

# 三戦立ち・前屈立ち・四股立ち・猫足立ちで戦える？

三戦立ち・前屈立ち・四股立ち・猫足立ち、空手の型には各種の立ち方があり、これらの立ち方を用いて基本稽古を行います。

しかし、約束組手の場合はさておき、自由組手の中では、ルールの違いを問わず、あるいは実際の戦いにおいても、一瞬その立ち方になることはあっても、型通りにこれらの立ち方を保って戦う必要はありません。

では、なぜわざわざこのような立ち方で稽古するのでしょうか。その理由の一つは、本書で何度も記しているように、基礎を作るためです。仮に実際に戦う時の立ち方とは異なっていたとしても、基本通り、型通りの立ち方をすることで、空手に必要な筋肉の養成や体の使い方を学びます。

三戦立ちについては第2章で触れたので、ここでは前屈立ち、四股立ち、猫足立ちについて見てみます。

## ◉前屈立ち

歩幅を前後に広く取り、前足を屈し、後ろ足をしっかり伸ばして踵は上げない。実際の戦いの中ではこれで戦うことはできません。寸止め系の組手競技の中で、中段逆突きが極まる瞬間はこの形に近いかもしれませんが、それでも後ろ足の踵を上げないというのは無理でしょう。

しかし、後ろ足の踵を上げないことが、この逆突きが極まる一瞬に最大の威力を発揮させる基礎を作ります。そうした基礎を作ることが、前屈立ちの基本稽古を繰り返す理由です。

この前屈立ちで身につけるべきことは大きく2つ。軸足となるしっかりした前足と、下半身からの力を拳に伝えるための腰を作るということです。ここで腰とは、後ろ足側のお尻の入れ込み、クシガマクの入れと言ってもいいでしょう。

こうした基礎的な筋肉の使い方を身につけるためには、一見実戦では使えないように見えても、しっ

組手できっちり前屈立ちになることは、まずないが……

かりと前足を屈し、後ろ足の踵を上げずに伸ばして立つという、基本通りの前屈立ちを稽古することが大切です。後ろ足の踵を上げないという制約を加えることで、クシガマクの入れ込みをより効果的に体得していくことができます。

実際の戦いにおいては、たとえ基本の前屈立ちそのものに近い立ち方になるのは一瞬であっても、こうして基礎を作り込むことが、空手の上達のために必要となるのです。

四股立ちは、投げ技などで体重を落とす際に有効となる

## ◉四股立ち

これも前屈立ちと同様に、自由組手の間、ずっと基本通りの四股立ちで戦っている人は見たことがありません。

しかしこの立ち方は、合気道でいう小手返しのような取手技において、体重を落とすことで一気に極めて投げる場合など、主として投げ技に有効な立ち方です。

空手の基礎となる身体操作を学ぶという意味では、股関節の力をゼロにし、骨盤が前傾した脱力の状態を学ぶのに適した立ち方です。

## ◉猫足立ち

一般に、猫足立ちにおける前足と後ろ足にかける体重の割合は3：7とするものが多いようです。しかしこの立ち方は、主として前足を自在に操ることを学ぶ立ち方であり、基本としては、前足に掛ける体重はほぼゼロという感覚で結構です。後ろ足に全ての体重を乗せ、四股立ち同様に股関節の力を抜き、骨盤が前傾した脱力の状態を作ります。見栄えよく前足の足首をピンと立ててしまっては、余分な力が入って素早い蹴りにつながりません。

ただし、こうして基礎を作った後は、実際の戦いの場面では体重の割合は関係なく、少しでも後ろに体重を落とせば猫足立ちです。その意味で、ムエタイの立ち方も猫足立ちの応用とも言えるでしょう。

猫足立ちの優れたところは、すっと体重を後ろに移す、つまり猫足立ちになるだけで、普通の1歩以上に移動して相手の攻撃をかわすことができると同時に、その距離は相手の攻撃は届かなくても、こちらの前足による前蹴りが相手の金的に見事に極まる距離になるということです。型の中で猫足立ちが出てきた場合、たとえ型の中では蹴りの動作が入っていなくても、そこには前蹴りが含まれているものと理解していいでしょう。

以上、基本的な立ち方について説明しましたが、これら基本の立ち方は、いずれも鍛錬のための基準であり、基礎を作るためには、しっかりその形で立つことが大切です。

しかし、実際の戦いの場では自由でなければならず、基本の立ち方にこだわっていたら戦えません。実戦における前屈立ちは後ろ足の踵を浮かせていい。四股立ちも軽く重心を落とせば四股立ちであるし、猫足立ちも後ろに少し重心を移せば猫足立ちです。

相手の突きが届く位置でも(①)、猫足立ちになれば届かない(②)。しかし、こちらの前蹴りは届く(③)

こうしたことは、実際に戦ってみるとわかることです。その意味で、負けてもいい、どんなルールであっても、組手競技を経験することは大切です。ただ、競技だけで終わってしまってはもったいないことです。

## 空手の型は絶対に変えてはいけないのか？

「空手の型は鋳型であり、絶対に変えてはいけない」。ほとんどの方がそう教えられてきたと思います。しかし、同じ型であっても、流派や会派、あるいは道場が異なるごとにその挙動は異なっています。ということは、どこかで誰かが型の挙動を変えているということになります。

前項でも触れたように、空手の型を学ぶ目的は、初級の段階においては、空手に必要な筋肉の使い方など身体操作を学ぶこと。上級の段階においては、技を学ぶことが中心となります。

空手発祥地の沖縄、特に剛柔流において、流祖・宮城長順師は、型を指導する際、その身体操作ができているかどうかだけを見ていたということは、既に記した通りです。つまり、型の挙動の正確性よりも重視していたのは身体操作であり、型の挙動については、絶対に変えないとはしていなかったようです。こうしたことも、流会派ごとに型の挙動が変わっていることの理由の一つでしょう。

また、そもそも剛柔流拳法では、同じ型であっても、初級者と上級者で型の動作が異なっていたということがあります。セーユンチンの型を例にとって見てみましょう。

最初の挙動、右足を進めて四股立ちになりつつ両手でハの字を作り、そこから前腕を捻り両手甲を合わせるような動作から、拳を握りつつ両腕を下段に開き、右掬い受けから掌を返して掛け、左貫手につなげる、そんな挙動を左右入れ替えて3回繰り返します。

この部分は、相手に手首を掴まれた場合の取手技による対処法を教えています。四股立ちになっ

セーユンチンの型で、初心者は両手でハの字を作る動作(①)があるが……

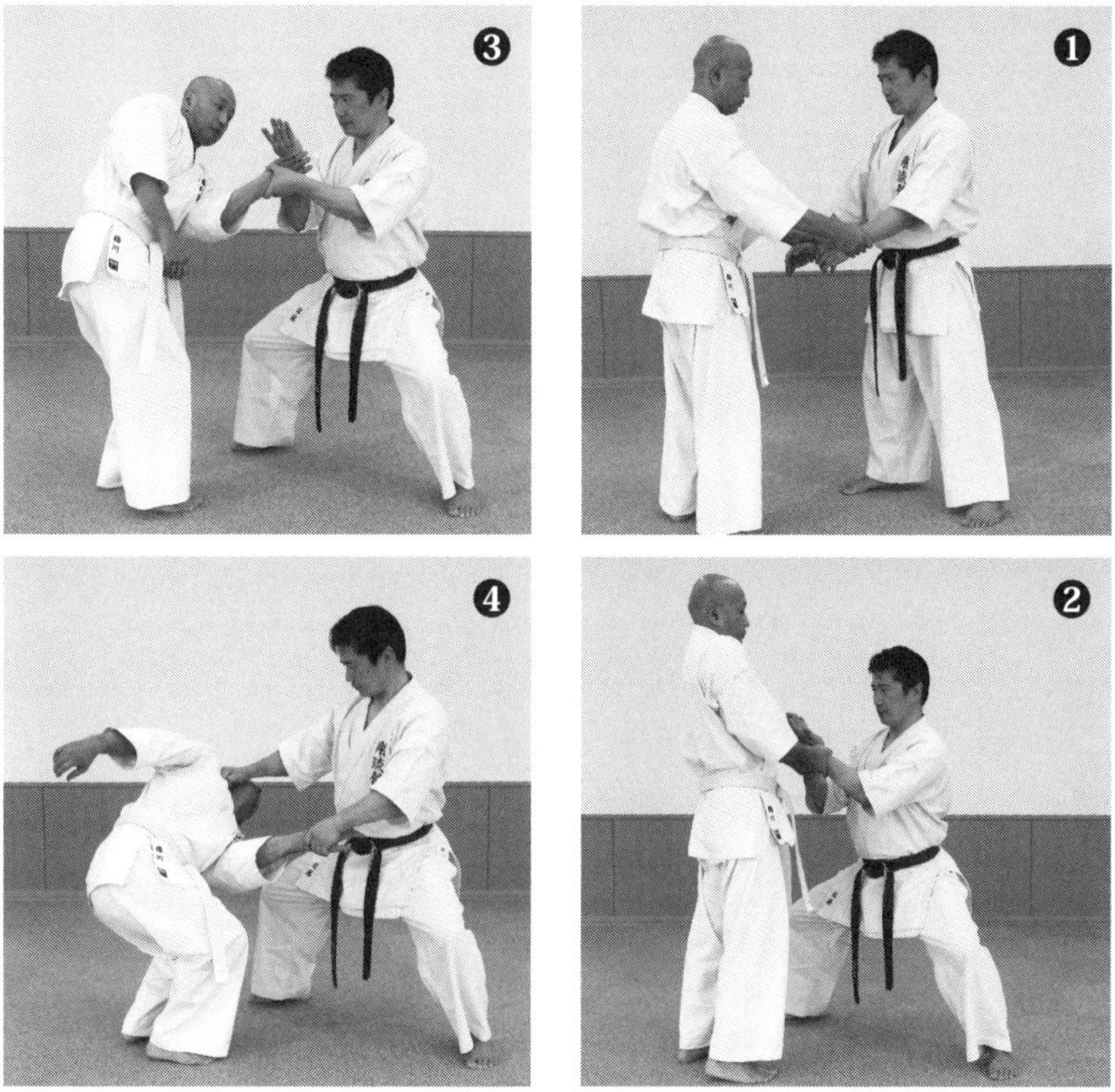

上級者はハの字を作らずに、体を落としつつそのまま取手技に入る

て自らの体を落とすことにより、相手の重心を浮かせ、取手技につなげることを学ぶ動作です。

この際、最初のハの字を作る動作は、相手を浮かせる動き、つまり合気道でいうところの合気上げに相当する動きを示したものです。あえてこうした手の形をピックアップすることで、相手を浮かせる際のポイントを教えています。このような動きは初級者が行う形です。

これが上級の段階になると、ハの字を作る動作がなくなり、いきなり前腕を捻り上げて両手甲を合わせるような動きから入ります。自らが四股立ちに体を沈めるという根本の動作は変わりませんが、あえてハの字を作るという動作をピックアップしなくとも、四股立ちに体を落としながらそのまま前腕を捻り上げて両手甲を合わせる、つまり、余分な動作はせずにすぐ相手の手を取る動きに変化します。

こうして、学ぶ者のレベルに応じて型の挙動が変化していくということは、剛柔流拳法においては当然のことであり、型は鋳型、変えてはいけないということに固執するものではありません。むしろ、学ぶ者のレベルに応じた挙動が明確に示された、流派としての上達システムと言うことができるでしょう。

そしてもう一点、剛柔流においては、流祖・宮城長順師の修行時期によって、指導した型の挙動が変わっていることも加えておきます。

結論として、根本となる身体操作さえできているならば、型の挙動は鋳型として絶対に変化しないものではないと言えるのです。ただし、それは人前で見せるものではないでしょう。

# 目ヂカラを出してはいけない？

型を修練する上で重要なことの一つに、目付けがあります。沖縄の方言で言えば、ミチチとなります。

形競技においては、相手を睨みつけるような目ヂカラのある鋭い目付けが重視されるようですが、剛柔流拳法において型で修練する際の目付けは、これとは異なります。以下、そのポイントについて見ていきましょう。

まず、相手を睨みつけるような鋭い目付けはしません。そうした目をすると、相手もこちらの攻撃心を感じて反発してきます。こちらの攻撃に対して相手が準備できる情報を与えることになってしまいます。武術としては、相手に自分の意識を見せないことが大切です。

次に、決してまばたきをしてはいけません。型を演武している最中は戦っているのと同じこと。まばたきをしている間に勝負が決してしまうのが、本来の武術であるはずです。久場師は「型の最中にまばたきをするくらいなら、空手などやめてしまえ」と言うくらいその重要性を説かれます。

本来であれば、一つの型を演武する間、最初から最後までまばたきをしないようにできなくてはなりません。難しいのであれば、最初は一番短い撃砕の型の中で、まばたきを2回くらいまでにとどめることから始めましょう。いずれは剛柔流で一番長いスーパーリンペイの型の中で、最初から最後までまばたきをしないで演武できるよう稽古してみてください。

目線については、相手の喉元を中心に全体を見るようにします。相手の個別の動き一つひとつに注目してしまうと、その部分しか見えなくなってしまいます。例えば相手が中段を突いてきた時、それを見てしまうと上段が見えなくなってしまいます。一点を見つめず、相手の動きをなんとなく感じて動く感覚を身につけることが大切です。

久場師は、昔は人と話す時も相手の目を見ず、どこを見ているかわからないような目付けをしていたため、気持ち悪いと言われたことがあったとのことでした。

初級の段階では、まず相手の個別の動きを見て反応することから始まりますが、レベルが上がるにつれて、小手先ではなく相手の動き全体を見て反応できるようにしていきます。そうすると、相手の動きに対して適切に反応できるようになってきます。小手先の動きに反応すると、どこから繰り出されるかわからない攻撃に対し、反応が一瞬遅れてしまうのです。

自ら攻撃を繰り出す際も同様で、自分が動こうとする方向に目を向けてから動くことを戒めなくてはいけません。形競技においては、動く方向に顔を向けてから動く場合が多いようですが、見てから動くのではなく動きながら見るということが大切です。

　また、型の中では、わざと目線を逸らすことによって、相手の虚を突くことを意識的に教えている動きがあります。サイファーの前蹴りにおいて、真横を向いた状態から、蹴り込みの瞬間に正面に目線を切り替える動きは、目付けで相手の虚を誘う、いわばフェイントの目付けを教えているものです（136ページ写真参照）。

　正しく型を学ぶことには、武術としての目付けを学ぶことも、当然に含まれています。

Column

# ヨーロッパ編

## その2

実際に相対してみると、とにかくでかい！　身長差はおよそ35センチ。2階のような高さから、巨体に似合わず軽快に突きや蹴りを放ってきます。相手が普通に下段蹴りを蹴ると、私の顔面に届いてしまうようです。さらに道着を掴んで崩しにきたり、器用に足を払いにきたりと、相当な実力者。とろとろしていてはやられてしまいます。とはいえ、私も空手発祥の国から指導にやってきた者として、やられるわけにはいきません。しっかりと実力を示してあげなければ、明日以降の指導に説得力がなくなってしまいます。

まずは相手を見上げながら蹴ってみると、これがクリーンヒット。見上げる目線が、逆に下段蹴りを隠すフェイントになったようです。すかさず突きを返してきた相手にカウンターの掌底を打ち上げてみると、ジャストミート。相手は「ナイスパンチ！」といった感じで称えてくれます。

一方、ちょっと怒ったか、すぐさま「2階」から私の頭を首相撲の要領で抱え込んでは、膝蹴りの連打を浴びせてきます。ものすごいパワー！　何とか脱出したものの、危機一髪です。とにかく体勢を立て直すと、私にとってちょうど蹴りやすい高さに相手の金的の急所がありました。それをつま先でちょんとつついてあげると、相手は「なるほど、急所のガードが甘かったのか」

と理解して構えを修正します。そんな技の応酬を続けていると、あっという間に制限時間の５分が経過しました。１人目の対戦終了です。

ルール制限のない自由組手と聞いて、いったいどんなことになるのだろうと思っていました。確かにそれは禁じ手のない技の攻防でした。これを相手を痛めつける気持ちで行ったとしたら、それこそ大きな怪我につながってしまいます。しかし、そういうことではありませんでした。

稽古の途中、ラースロー氏は参加者たちにアドバイスします。「相手のことを信じ、恐れずに中へ飛び込みなさい」。ルールによって縛るのではなく、相手を信じ、互いに思いやることによって技を制御する。馴れ合いとは違います。そんな信頼関係があるからこそ、たとえルールはなくとも怪我をすることなく、スポーツ競技では禁じ手とされるような技を試し合うことができ、そんな攻防がお互いの技術と信頼関係を一層深めていく。空手発祥の国から指導にきたつもりでいましたが、逆にとても大切なことを

身長差35センチ！　ルールのない（!?）自由組手

教えられた気がしました。

参加者たちは私の自由組手の様子を固唾を飲んで見守っていましたが、一人目の組手を終えると、次から次へと対戦希望者が名乗りを上げてきます。いずれも大男ばかり…。いったい何人と戦ったかわかりません。御大ラースロー氏までもが自ら対戦に名乗りを挙げてきます。その立場にかかわらず戦う姿勢を貫く姿は、さすがはハンガリー剛柔流の帝王。脱力の中から繰り出される突き技は本物でした。ちょっと間違えれば倒されていたかもしれません。この指導者のもとに集うヨーロッパ勢は、確かに皆強かったです。

組手を終えると、対戦した皆さんは口々に「実際に我々と戦ってくれた先生は初めてでした。とても良い経験になりました」とリスペクトしてくれました。

でも素晴らしい稽古法を見せてくれて、また、日本では経験できないような体格差の組手稽古を体験させてもらい、お礼を言いたいのはこちらのほうでした。「ありがとう、ヨーロッパのストロングマンたちよ！　いい経験になったのはこちらのほうだ。日本でも稽古に取り入れてみるよ!!」

# 第6章

# 型を実用化する、沖縄に伝わる鍛錬法

# 伝統的鍛錬によるチンクチ、ガマクの養成

チンクチ、ガマクの重要性については、ここまで何度も触れてきたところです。本章では、チンクチ、ガマクといった空手に必要な筋肉の使い方を養成していくために、剛柔流拳法で行われている伝統的な鍛錬法について紹介していきます。

沖縄の伝統的な鍛錬法には、チーシ、サーシ、カーミ、そして巻き藁などの鍛錬具を用いる稽古法が伝えられています。また、全身を使う特徴的な腕立て伏せやカキエなど、鍛錬具を用いない稽古法にも特徴的なものがあります。

こうした鍛錬を重ねることで、チンクチやガマクが強化されると同時に、そうした筋肉の使い方を身につけていくことができます。

空手は決して腕力に頼るものではありませんが、例えば5の力のある者が6割力を抜くとその力は2になりますが、10の力のある者は7割の力を抜いてもその力は3残ります。また、空手における技の威力は、脱力から力の集中の落差が大きいほど強力になります。当然、6割の脱力よりも7割の脱力からの力の集中のほうが大きな威力を生み出します。

沖縄伝統の鍛錬具は、筋力をつけると同時に、「余分な力を抜く」ことを学べる

よって、力はあるに越したことはありませんが、そう単純にはいかないのは、一般的に力をつけることは比較的容易であっても、余分な力を抜くことはなかなか難しいということです。

伝統的な鍛錬法は、空手に必要な部分の力を養い、併せて余分な力を抜くことまでも身につけることができる点で、とても優れた稽古法です。空手に必要な部分の力を強化し、それを自在に使えるようになることで、余分な力が抜けていきます。

一見関係ないように見えますが、こうした鍛錬を重ねることで、第1章で紹介した指関節から当たっていく突きも、自然にできるようになるのです。

大きくがっちりとした体格を作るため、あるいは最低限必要な体力をつけるためには、西洋のウェイトトレーニングが効率的かもしれません。しかし、型に秘められた技を実用化していく中では、こうした沖縄の伝統的な鍛錬が、とても有効な稽古法となってきます。

ここでは、そのいくつかを紹介します。

## ◉チーシ

バケツ（本来は円い大きめのクッキーの缶が形状的にちょうどいい）、セメント、棒、板切れ、釘があれば、自分で簡単に作ることができます。また、ダンベルの片方のプレートを外して代用することもできます。

片側にしか重りのついていない不安定なチーシを操ることは、チンクチ、ガマクや前腕の筋肉を養成するのに非常に有効で、鍛錬具のうち一つだけ選ぶならばチーシというくらい重要な鍛錬具です。一生懸命鍛錬すれば、比較的早い段階で体に変化が出てきます。

重すぎるようなら柄を短く持ち、馴れるに従って長く持つようにすれば、レベルに応じて鍛錬できます。

チーシ一つとっても様々な鍛錬法がありますが、これだけはやったほうがいいというものをいくつか紹介します。

### ①左右に振る

片手で柄を持ち、重りの部分を左右に振る稽古法です。

左右いずれに振る際も脇（チンクチ）を締めることが大切です。力ずくではなく、反動を利用

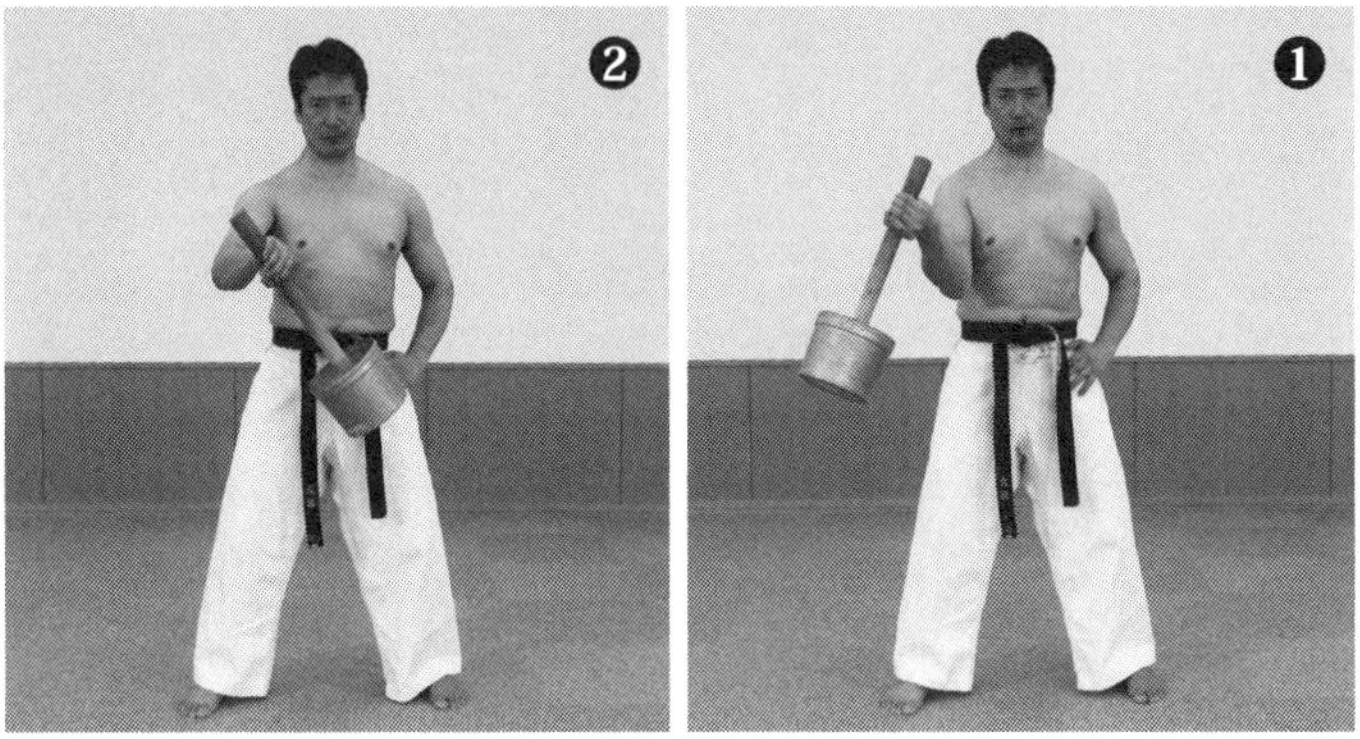


チーシを左右に振る。①→②の動きは突きの拳の回転に通じる。②→①の動きは取手技の指使いに通じる

してリズムよく左右に振るようにします。

外側に返した時は、三戦の中段受けと同じ形になります。そこから特に小指と薬指を中心に瞬間的に握り込むことで、脇を締めたまま反対側（内側）に振り、掌全体に密着させる形で握って止めます。これは突きの際の拳の回転と同じ動きになります。

内側に返したら力をふっと抜きますが、この時も脇の締めは必須であると同時に、重りを下に垂れ下げることなく、斜めに支える状態を維持します。こうすることで、チンクチの締め、前腕、特に手甲側の筋肉が鍛えられます。

そこから再び外側に振る際は、小指、薬指、中指の握りを中心として親指で撥ね上げて反対側に振ります。これは相手の手首を取る取手技の指使いにも通じます。

あとはこれを繰り返すだけです。成人男性であれば、最初は7〜8kgほどのチーシを、左右に20回くらい振ることから始めるなど、体力に応じて無理なく稽古してみてください。

前腕や脇の筋肉を強化できると同時に、瞬間的な力の集中と脱力、取手技にも必要な指使い、さらにはあらゆる技に必要な前腕の捻りの筋肉使いを身につけられるという、とても優れた鍛錬法です。

**②振り下ろす**

片手で柄を持ち、頭上に振り上げ、前方や横方向に腕が地面と平行になるくらいまで振り下ろします。脱力して振り下ろし、止める際に瞬間的に力を集中させることが大切です。

**③両手で振り下ろし、捻る**

四股立ちになり、重りを上にして垂直に立てた柄を胸の前に両手で握り、立ち上がりながら頭上に振り上げ、再び四股立ちに体を落としつつ、全力で振り下ろします。重りの部分が前方に振り飛ばされそうになるのを耐え、そこから重りの部分を自分の両腕の間を通して内側に捻り倒し、さらに戻して最初の状態に戻ります。

「振り下ろす」鍛錬法と同様、振り下ろしを止める際の耐えによって、脱力からの瞬間的な力の集中を学ぶ中で、ガマクの力も養成できます。また、重りを捻り倒す動きにより、前腕の捻り

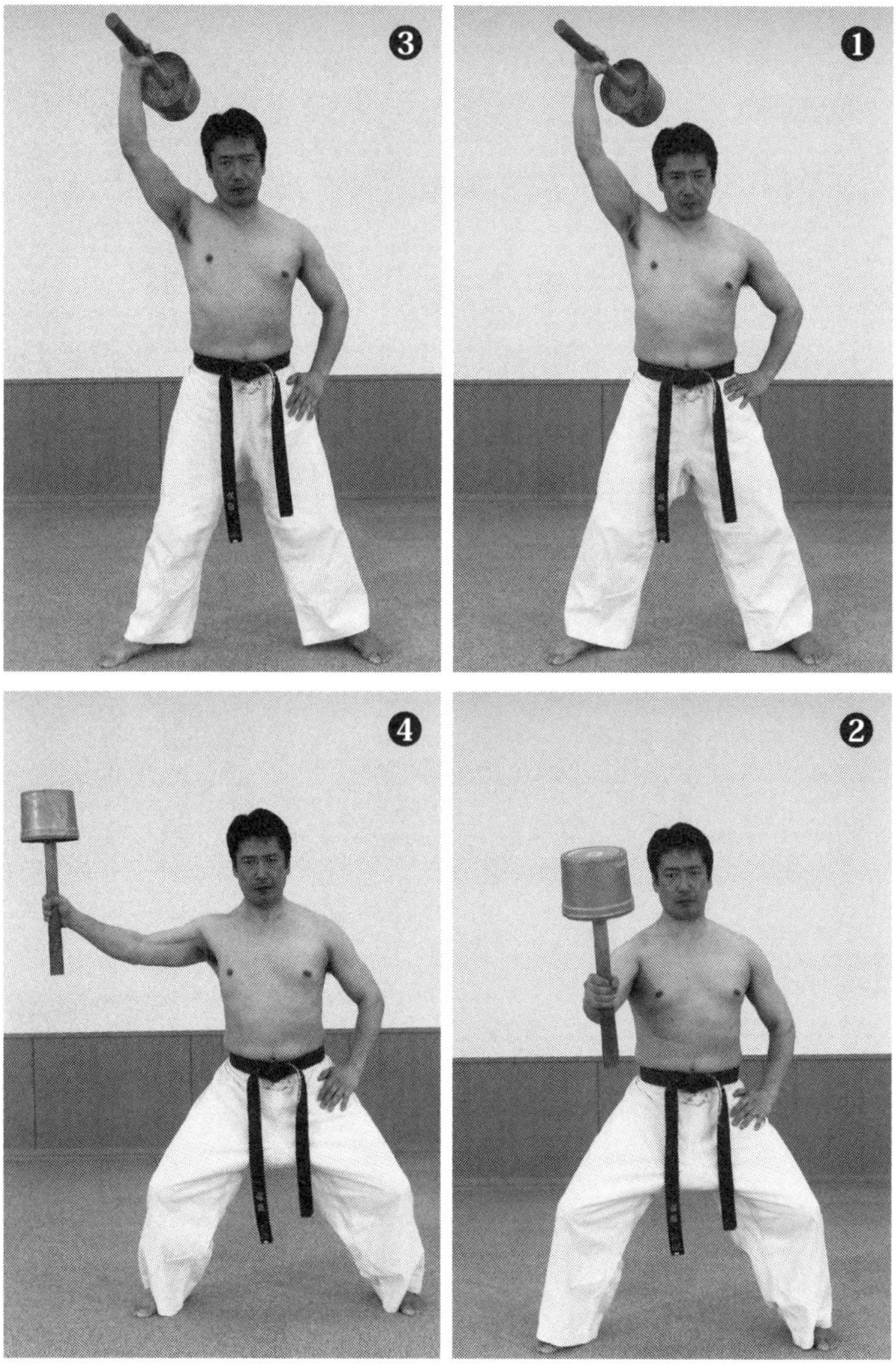


チーシを振り下ろす。瞬間的な集中を養う

チーシを両手で振り下ろし、捻る。瞬間的な力の集中と、前腕を捻る筋肉を養う

の筋肉を養成できます。

脚、ガマク、チンクチ、前腕を同時に鍛えられるとともに、浮身（ウキミ）と沈み（シジミ）といった空手に必須の動きも身につけることができます。

以上、チーシによる鍛錬法の一部を紹介しました。

久場師は、渡口師の指導を受けるようになってから、最初の2年間はチーシの鍛錬ばかりを集中的に稽古して、剛柔流の体を作ったとのことです。

まず1～2年はチーシでみっちりと鍛え込み、レベルが上がってきたならば、より直接的に技術につながってくるサーシの稽古に取り組んでいくといいでしょう。

## ◉サーシ

沖縄では錠前のことをサーシと言い、その形に似ていることからサーシと呼ばれる鍛錬具です。手技、足技、そのいずれも強化できるのがサーシの特長です。

初級者は、まずチーシによってチンクチ、ガマクの養成から始めるといいですが、レベルが上がってきたならば、実際の技の動きそのままに鍛錬できるサーシを中心に稽古していくといいでしょう。

まずは、手技、足技を問わず、定位置基本稽古の動きを、サーシを持ち、あるいは足につけた

サーシは、空手の動きに即して鍛錬できる

形で鍛錬してみてください。さらにレベルが上がってきたならば、移動しながら技を繰り出す稽古も加えていくといいでしょう。

参考までに、足技を鍛えるためにサーシを使う場合、足の甲に吊り下げるようにサーシをつけているものも見掛けますが、剛柔流拳法においては、サーシを逆さまにして、足の甲に乗せる形での鍛錬が中心となります。

## ●カーミ

一般的には、カーミの口を鷲掴みにして握力を鍛錬しているように見えますが、単に握力を鍛えるためのものではなく、チンクチ、ガマクを鍛えるとともに、取手技にもつながっていく鍛錬法です。

専門業者で購入することも可能ですが、なじみの中華料理店などに頼んでおくと、空になった紹興酒の甕《かめ》をいただけることがあります。筆者は、両手で使えるよう、カーミ2つを手に入れるため、中華料理店に何度も通い、カーミ2つ分の紹興酒を飲んだ思い出があります。

稽古の際、特に重要となる3つのポイントを紹介します。

### ①親指をカギ状に曲げ、親指の内側側面で握る

こうすることで、握力を強化するとともに、取手技に必要な掴みの手の形を身につけることができます。

また、剛柔流拳法では、親指の第1関節部を尖らせて攻撃に使う技法が型の中に隠されているため、こうした特殊な技法につなげていくための親指を養成することができます。

### ②前腕を内側に捻り切る

前腕を思い切り内旋させることで、突き技、受け技、取手技など、空手に必要な前腕の筋肉を養成することができます。

疲れてくると、前腕の内旋が緩んで指

カーミは、親指の内側側面で握る

先が外向きに開いてしまいがちですが、そうすると空手に必要な筋肉の正しい養成ができないどころか、間違った筋肉がついてしまうことがあります。よって、前腕が内旋できないくらいに疲れてきた場合は、無理をして続けるよりも、一旦休憩してください。

肩を落とし、前腕をしっかり内旋させて胸を開いて行わないと、逆効果になってしまう!

### ③胸を開き、肩を落とす

前腕を内旋させて重量のあるカーミを持つと、肩をすくめ、胸を縮めてしまいがちです。肩をすくめ、胸を縮めてしまうと、脇から背中にかけてのチンクチよりも、胸の余計な筋肉の強化につながってしまいます。三戦の注意点と同様、しっかりと肩を落として胸を開くことが大切です。こうすることで、チンクチが鍛えられます。

以上、正しい握り、姿勢でカーミを持ったならば、三戦立ちや四股立ちなどの各種立ち方で移動したり、手首を返して振り上げたり、また、一歩踏み出すごとに体を大きく捻って両手のカーミを左右に振ったりすることで、投げ技等にもつながる捻りの動きなども身につけていくことができます。

## ◉腕立て伏せ

剛柔流拳法で伝統的に稽古されている特徴的な腕立て伏せを紹介します。

全身を一体として鍛えられる鍛錬法で、チンクチ、ガマクといった体幹部の養成に加え、呼吸法とともに、余分な力の抜き方まで自然と身につけられるとても優れた稽古法です。継続していくことで、大きな効果を実感できるでしょう。

まずは5回くらいから始め、上達するにつれ、指立て伏せの形で鍛錬しても効果的です。

①両足をやや広げ、両手をついた状態から、へそから胸へと床にこするように腕を曲げて伸ばす（お尻が上がる）。吸いの呼吸

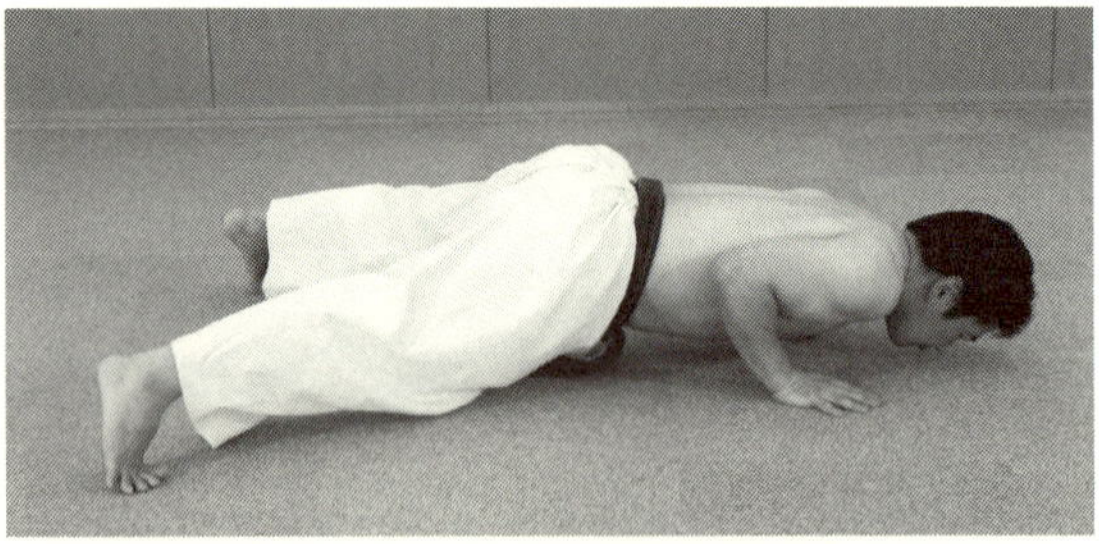

②腕を屈し、体をまっすぐにして下ろす。吐きの呼吸

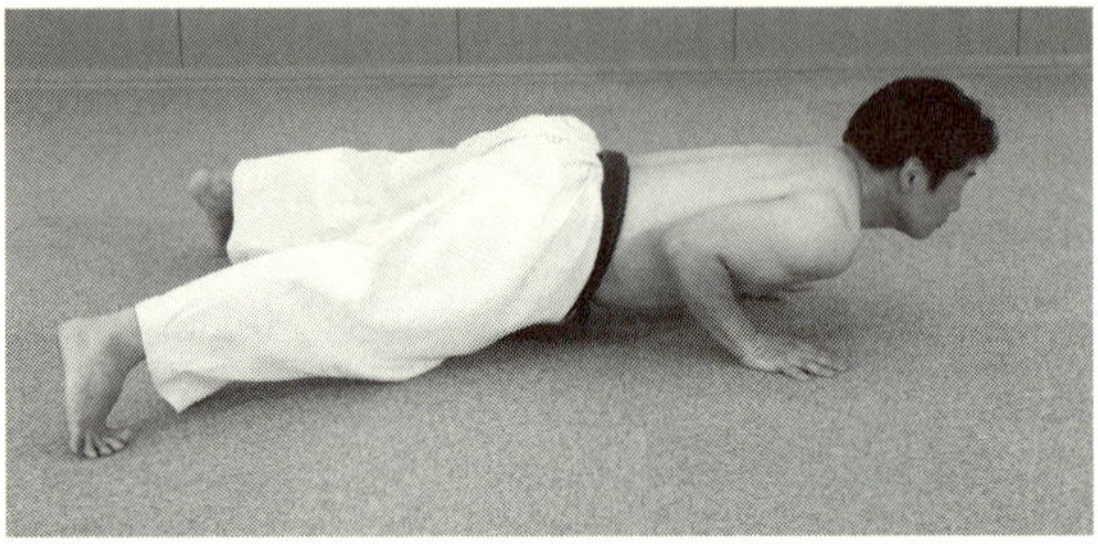

③首をしっかりと上げて前を見る

⑤反対の足も同様に高く上げる

④その体勢を保ったまま、膝を曲げずに一方の足を高く上げる。約５秒間

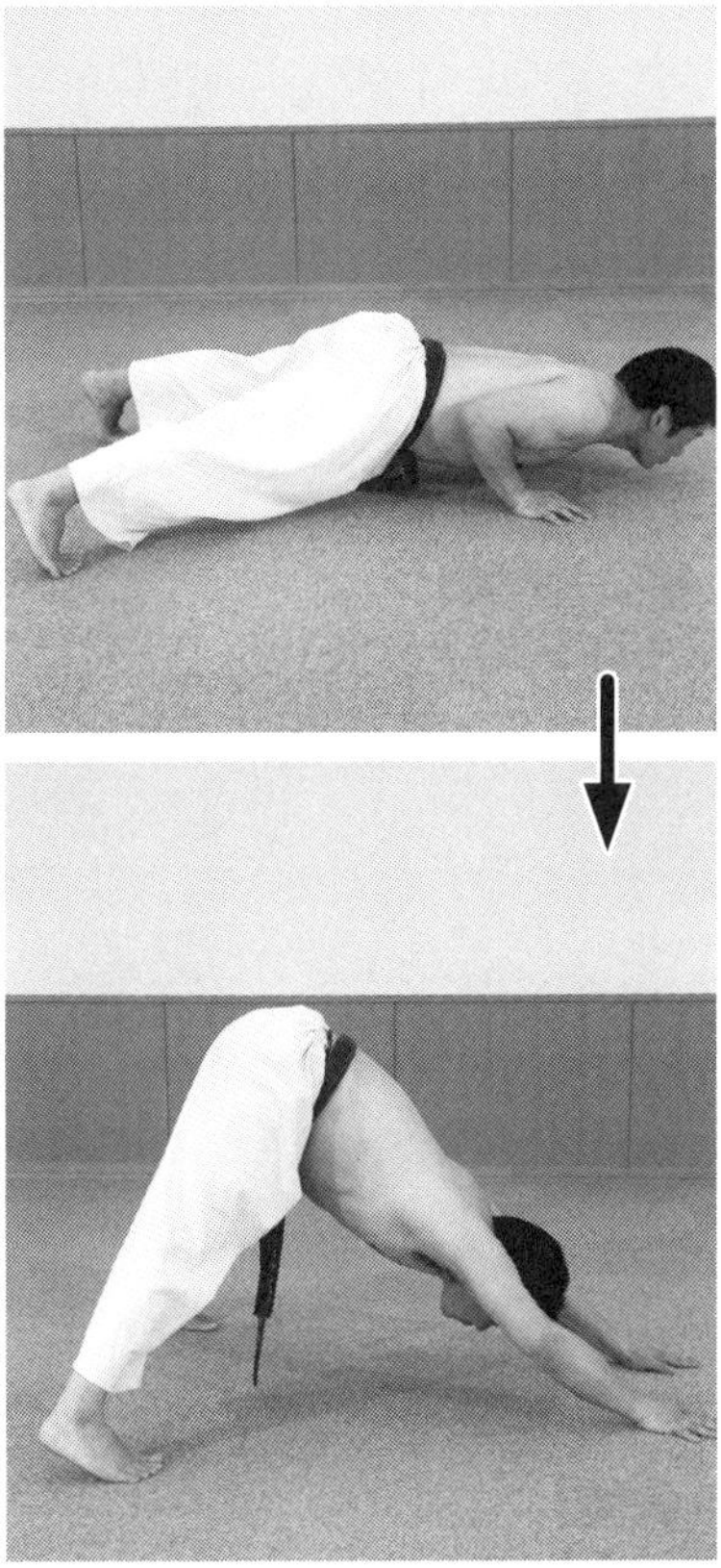

⑥足を下ろし、①と同様にへそから胸へと床にこするように腕を曲げて伸ばす（お尻が上がる）。吸いの呼吸

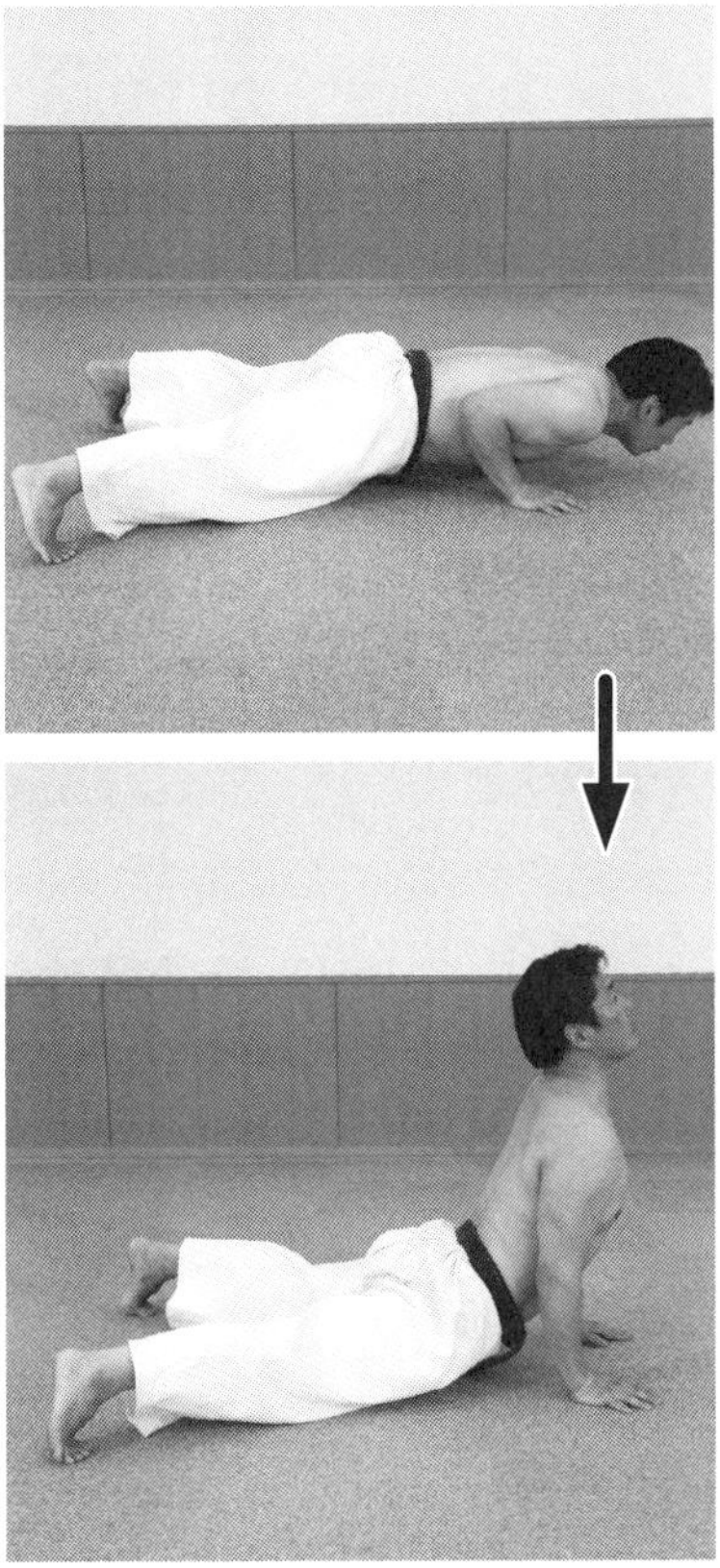

⑦⑥と反対の軌道で、胸からへそへと床にこするように胸を反り上げる。吐きの呼吸

## ◉カキエ

相手と前腕を触れ合わせ、押したり引いたりすることで、チンクチやガマクを養成するとともに、実際に相手と戦う際の感覚を学びます。

この稽古なしに剛柔流拳法は語れないというほど、大切な稽古法です。剛柔流拳法では、レベルに応じて大きく5つの段階に分けて稽古を積んでいきます。

### 第1段階

・お互いに三戦立ちで向かい合い、左手なら左手の前腕を交差させる。引き手は開手で手首を反らして水月前に置く。この水月前の引き手は、取手技につなげるためにも非常に重要。
・攻める側は、呼気とともに指先を相手の水月に向けてまっすぐ伸ばし、受ける側は脇を締めつつ、吸気とともに相手の力を吸収するように前腕を捻る。肘をしっかり締めて前腕を捻ることにより、相手の攻撃力が吸収される。
・この動きを、軸を崩さずに繰り返す。

第１段階

第２段階

### 第２段階

・重心の入れ抜きによる、前後動を使う。
・相手が手を伸ばしてきたら、猫足にしてスーッと重心を落とすことで、相手の力を抜く。
・相手と触れた腕の感覚で、間合いを図る。

第３段階

## 第3段階

・移動する。

・攻め側の腕が伸びてきたのを、前腕の捻りと猫足による引きで吸収する。続いて後ろ足を横に移動させ、三戦の回転の際の足の使い方と同様に、そのバネを使って返す。

第4段階

**第4段階**

・自由に移動しながら、型に含まれる技につなげていく。
・腕が接触した状態からの自由組手に近い攻防となる。
・剛柔流拳法における裏分解技のほとんどは、この第4段階のカキエの中で稽古することができる。

第5段階

## 第5段階

・互いの左右両腕を交差させ、腕を密着させたまま腕の内側を取り合う。慣れてきたら、第4段階同様に様々な技につなげていくことで、より実戦的な稽古となる。

# 巻き藁突きでの拳作り、本当は初級者向け？

空手の命とも言える正拳突き。これを養成するための重要な稽古法として知られているのが、巻き藁突きです。ところが、実は巻藁突きが初級者用の稽古なのだと言ったとしたら、読者の皆さんはにわかには信じられないのではないでしょうか。

しかし、剛柔流拳法では、巻き藁突きは確かに初級者用の稽古なのです。以下、その理由を記していきます。

一般にイメージされる巻き藁突きの効用とはどんなものでしょうか。その代表的なものは、岩をも砕く硬い拳を作ることです。巻き藁突きにより作り上げられた恐ろしいまでの拳タコを見ると、あんな拳で殴られたら、それこそ即死だと感じられます。確かに空手をする上で、ある程度の拳の強度は不可欠であり、その強度を得るまでは、巻き藁突きなどで養成していくことが大切です。

しかし、必要以上に正拳を硬く鍛え込み、瓦やブロックを一撃で砕く強度があったとして、それが人間を倒すために効果的なのでしょうか。人間の体よりはるかに硬いレンガやブロックを一撃で砕くのですから、人間に当たったらひとたまりもないというイメージはあると思います。

しかし、空手の技術は人間と戦うためのものです。人間の体は、硬質な瓦やブロックと異なって弾力があります。よって、そのような拳の強度は必ずしも必要ではありません。皮膚があり、肉があり、骨があり、内臓がある人間の体は、硬質なものを叩くのと同じように固く握り込んだ拳で叩いた場合、むしろ体の表面で威力が散ってしまい、内部まで威力の浸透する突きにはなりにくいのです。つまり、アティファのある突きとは異なるものになってしまいます。

初級者のうちは、巻き藁突きによって、人間の体を叩いても骨折しないだけの拳の強度を養成する必要がありますが、一定の強度を得た後は、同じように巻き藁を叩き続けて大きな拳タコを作ったとしても、必要以上に強度を上げるだけのことになってしまいます。むしろ、強く握り込む癖がついてしまい、突きの項で説明した余分な力の抜けた握りとは正反対なものになってしまう恐れがあります。

こうしたことから、剛柔流拳法においては、巻き藁突きはある程度の拳の強度養成が必要な初級者に適した稽古であり、上級者においては稽古の目的を切り替えるべきだとしています。かつて久場師が巻き藁突きで拳を鍛えていたところ、渡口師から「いつまでも初級者の稽古をしているな」と言われたといいます。渡口師の拳は拳タコのないきれいなものだったそうです。

こうした教えに基づいて稽古してきた筆者ですから、徹底的に巻き藁鍛錬をやり込んできた者ではありません。また、巻き藁による稽古を通じて、あるいは強度の部位鍛錬を通じて、驚異的な武の力を身につけられたという武道家が多くいらっしゃると思います。よって、あくまで方法論の違いということになるかもしれませんが、剛柔流拳法においては、このような考え方を基本としています。

では、稽古の目的を切り替えるとはどういうことでしょうか。それは、拳の強度養成から、チンクチ、ガマクの養成へと切り替えるということです。

巻き藁突きは、拳自体の鍛錬から、チンクチ、ガマクの養成へと変化する

稽古法としては、指先が巻き藁に触れた状態の至近距離から掌底を打ち込みます。指を触れた状態から、チンクチの絞りとガマクの入れ込みにより、打撃に力を集中させることを学びます。こうした稽古を通して、チンクチ、ガマクができてしまえば、あとは正拳で突こうが、掌底で突こうが自在でしょう。

巻き藁突きは、空手の重要な稽古法であることに間違いはありません。しかし、その効果を一層高めていくためには、レベルに応じて稽古の目的を切り替え、適切に鍛錬を重ねることが大切というのが、剛柔流拳法における巻き藁突きの考え方です。

これはあくまで私見ですが、巻き藁突きの効用が一部誤解された形で広がっているとするならば、拳タコができることで強くなったと錯覚しやすいという背景があるのかもしれません。

# どうして武器術が素手の空手に役立つの？

空手発祥地の沖縄において、空手と並んで継承される武術に、棒やサイ、ヌンチャク、トンファといった古武道（武器術）があります。沖縄では、空手の道場、古武道の道場、あるいはその両方の看板を掲げる道場がありますが、空手の道場でも当然のように棒やサイなどの武器は備えてあります。古武道の道場の先生も、ほぼ間違いなく空手を修練されています。

このように、空手と古武道はよく車の両輪であると言われ、空手が上達すれば古武道が上達し、その逆もしかりとされます。空手と古武道の身体操作は変わらないとされますから、その身体操作、身のこなし等については、いずれかが上達すればもう一方も上達するという相関関係はあるでしょう。

では、空手を学ぶのに古武道の稽古が必要なのでしょうか？　古武道（武器術）は、武器があってこそのものであり、武器を操る技術がどうして素手の空手の向上に必要なのか、なかなかイメージしにくいと思います。これについて、剛柔流拳法の立場から見てみたいと思います。

まず沖縄では、素手の空手に限らず武術一般は、かつて「手《ティ》」と呼ばれていました。唐手《トゥディ》と言えば中国の武術、棒の手と言えば棒術といった具合です。

また武術一般は士族が学ぶものとされ、士族が用いる武術には、素手の手に加え、棒やサイがあったようです。よって棒とサイについては、武器術でありながら空手の一部とするとらえ方もあるようです。

そして剛柔流の流祖・宮城長順師は、「個々の武器の特徴を掴め」と指導されました。それは、古武道の型を学べということではありません。空手を学べば古武道の体の使い方も同じなので、あえて古武道の型を学ぶ必要はなく、古武道の型よりもそれぞれの武器の特徴を知りなさいというものです。

それぞれの武器の特徴を知ることにより、これと対峙した時の対策を考えることができます。そのためにも、それぞれの武器の特徴を生かした素振りなどの基本動作をやり込むよう指導されたとのことです。

では、そうした武器術の素振りから何を学べるのか、さらに見ていきましょう。

まずは棒です。どの技でもそうですが、空手の神髄ともいえる突き技は、全身の力を一瞬に集中させることが重要になります。これを身につけるのに、棒の素振りが有効なのです。

棒というかなりの長さと重量を有する武器を振るためには、脇を絞る必要があります。これは脇を開かず背中の筋肉を使う正しい突き技に通じます。

何百回何千回と素振りを行っているうちに、自然に脇の締めと突き技に必要な筋肉の使い方、脱力と打ち込む瞬間への全身の力の集中が身についてきます。力を入れっぱなしでは多くの回数の素振りを続けることは不可能ですし、素早く棒を振りたいならば、余分な力を抜く必要があります。

また、長くて重量のある棒を扱う以上、打ち込む瞬間に全身の力が一致しないと、打ち込みの極めを作ることはできません。素手の空手でいうところの、チンクチを掛けるということであり、それはガマクの使い方と一体です。

つまり、棒の素振りを繰り返すことで、チンクチを養成し、脱力と力の集中を学べるのです。

そしてそれは、素手の空手だけで学ぶよりも身につけやすいといえます。つまり、空手のレベルを向上させるための補助器具として、棒は有効なのです。

次にサイです。これも棒の素振りと同じようにチンクチの養成と脱力、力の集中を学べるもの

棒とサイは、チンクチの養成に極めて有効。サイは、突きの瞬間的な握りの感覚も養う

ですが、サイの場合、特に突き技に必要な前腕の筋肉の養成と、突きが極まる瞬間の握りの養成に深く関わってきます。

突き技の項でも触れた通り、突き技の上達は、究極的には最後の一瞬に全身の力が集中する握り込みの精度を、いかに高められるかに関わってきます。

重量のあるサイを振り、極めの瞬間に握り込む素振りを繰り返すことで、素手の稽古を繰り返すだけでは養成しにくい前腕の筋肉を養成でき、最大の威力を発揮するための突きの感覚を養えます。つまり、サイも空手のレベルを向上させる補助器具として有効なものとなるのです。さらに、指の掛けなどの取手につながる指使い、筋肉使いなども学べ、取手技の上達にもつながります。

こうしたことから、剛柔流拳法においては、突き技、取手技を含む空手の技術を向上させる稽古として、一定レベル（茶帯）以上に達した者に対して、棒とサイの素振りに取り組むよう指導します。

以上のような稽古を積んでいけば、空手を学ぶ者の嗜みとして古武道の型は1つか2つ稽古すれば十分としています。

最後に蛇足ながら、剛柔流拳法においては、棒やサイはただ打つばかりではなく、その武器の特徴（形状）を活かした取り技の技術が伝承されています。

# 第7章

# 技に活きる予備運動

# 予備運動はただの準備運動ではない

剛柔流の流祖・宮城長順師は、沖縄県立第一中学校に在学中、糸洲安恒先生より、学校の正課として取り入れられた唐手《からて》の指導を受けたことは前記した通りです。また、陸軍において活躍した屋部憲通先生、花城長茂先生らにより学校教育に取り入れられた、軍隊式の運動の指導を受けています。併せて、宮崎県の都城で衛生兵として兵役につく中で、医学の知識に触れられています。こうしたことを踏まえて、宮城長順師が空手を体系化する中で独自に研究し、創作されたのが剛柔流の予備運動です。

予備運動は単なるストレッチ運動ではなく、型の中に含まれる技を実際に使うための基礎となる運動であり、足の先から始まって、膝、腰、腕、首と、だんだん上がっていくように進めます。

こうして、体の柔軟性やバネを養成することはとても大切です。剛柔流拳法においては、自在な足捌きなど動きの柔軟性をより重視していますが、体が柔らかいということは動きの柔らかさ、ゆとりのある動きにもつながってきます。

予備運動の全てをじっくりと行うには時間を要するため、昔は教わった後は、それぞれ各自で取り組んだといいます。剛柔流拳法でも、一度教えたら後は各自で行うこととしており、道場の合同稽古において予備運動は行わず、すぐに突き蹴りの基本稽古から始めます。

このように強制されるものではないため、予備運動を自分でやる人とやらない人では、自然に差がついてきます。

単なる準備運動ととらえるのではなく、予備運動の動きが実際の技にどうつながるかを理解した上で、各自稽古していくことが大切です。

## 予備運動と実際の技の関係

**【例1】**

踵を上げる運動　➡　突き技の際の後ろ足の力の養成

**【例2】**

膝を緩めつつ両手甲を捻り合わせたら、四股立ちに体を落としつつ両掌を下段に開き、ぐんと立ち上がりながら拳を握って脇に捻り上げる（呼吸とともに）。この運動は……

・取手に必要な崩しと前腕の捻りの養成（セーユンチン）

・シジミ（沈み）とウキ（浮き）の養成（サイファー）

・腕極めのコツを学ぶ（セーパイ）

**【例3】**

首の運動　➡　頭突きの練習

# 空手と受け身

一般に空手の稽古において、受け身を行っているのは見たことがありません。しかし、空手には本来、様々な投げ技がある（型の中に織り込まれている）以上、投げられた場合を想定した受け身の稽古は必須となるはずです。

よって、剛柔流拳法においては、受け身の稽古を重視し、予備運動の一つとして稽古しています。その動きは柔道の受け身とは異なり、受け身を取った後、すぐさま相手の下腹部や膝関節を攻める動きと一体となっています。

併せて、剛柔流拳法で重視する体の捻りにもつながる大切な動きです。

## ◉後ろ受身

・あぐらをかいて座った状態から、そのまま丸く後ろに転がり、両手で床を押さえて回転を止めると同時に、踵で斜め上に蹴り上げる。もう一方の足は曲げて金的を守る。首を上げてへそを見るようにすることで、後頭部を打たないようにする。首の強化にもつながる。

・これは、攻めてきた相手の金的などに、カウンターで踵蹴りを入れるもの。蹴ったらすぐに足を絡めて倒す。

・起き上がる際は、手で起き上がらずに腹筋で起き上がる。腹筋の強化にもつながる。

**実用例**

・突き飛ばされて倒れたところへ、相手が覆いかぶさってきた時、踵で蹴り上げる。

一方の足で金的を守り、もう一方の足で蹴り上げる

## ◉横受身

・横になって足を交差させた状態から、その位置で腰を浮かせ一瞬の捻りで反対側に体を切り返す。

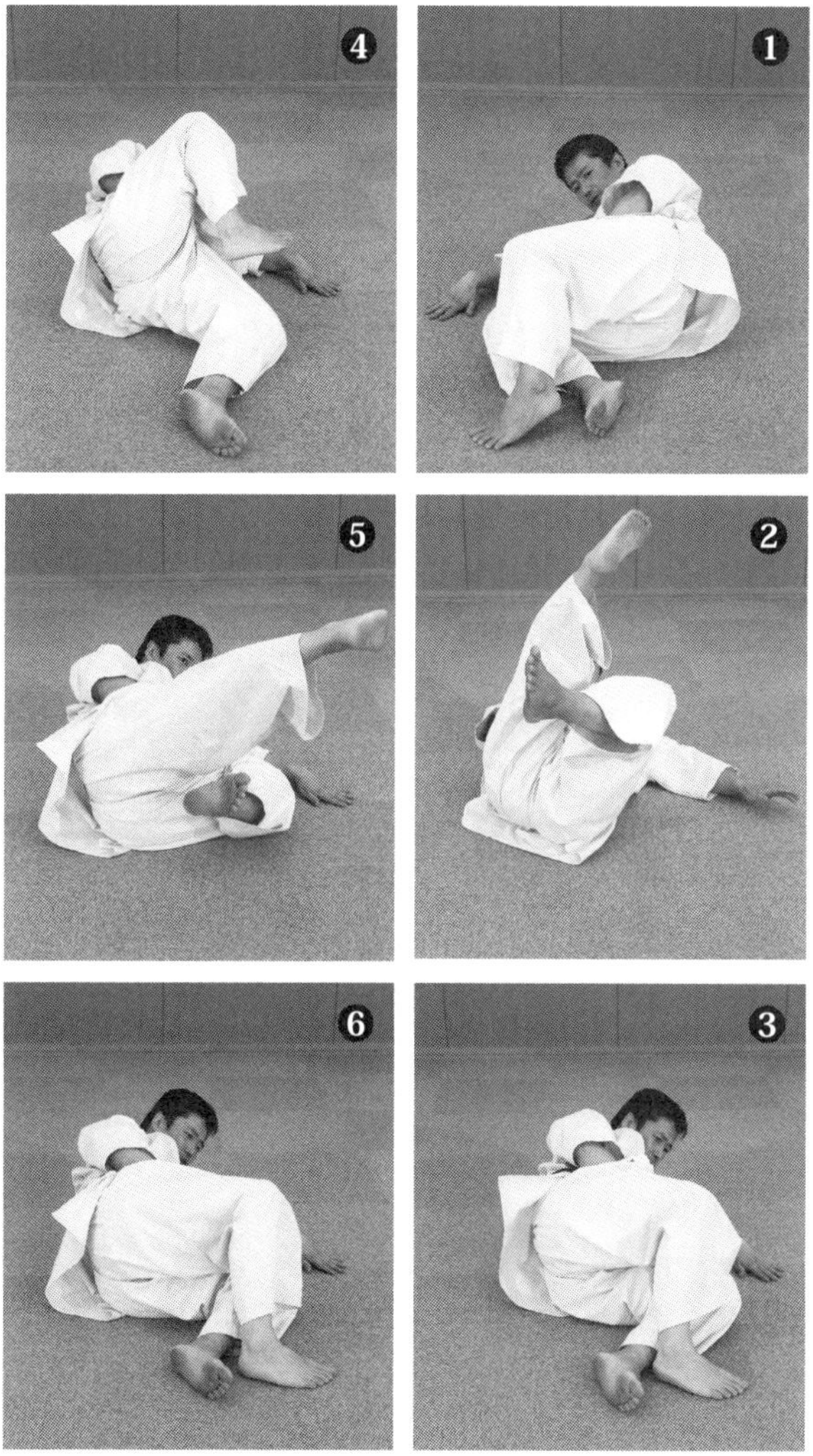


横受身は、腰の一瞬の捻りで体を切り返し、すぐさま足刀蹴り

・反転する際、腰を捻るのであって、転がるのではない。転がって中心軸の位置がずれてしまうと、足で押さえられた場合に全く動けなくなる。
・最初は腰を浮かせて大きく捻るが、レベルが上がるにつれ、小さく捻るようにしていく。
・足を交差させて着地。一方の手で地面を押さえて回転を止め、もう一方の手は下腹部をカバーする。足を交差させて着地するのは金的を守るためであり、柔道と異なる。
・すぐさま膝をかい込み、足刀で膝関節を蹴る。これは相手の足を絡め取って倒す技術でもある。
・蹴り足と反対の足は、蹴り込む際に若干引く。これが相手の足を絡め取る動作につながる。

**実用例**

・状況に応じ、いずれの足も内側、

腰を捻らずに転がると、相手に押さえられたら動けなくなってしまう

外側のどちらからも絡め取ることができる。

横受身から、足刀で相手の足を絡め取って倒す。左右の足ともに内側からでも外側からでも取れる

# 第8章

# 世界が求める沖縄伝統空手

日本発祥の武道スポーツとしての空手道。「空手道は一つ、ルールは一つ」というキャッチフレーズのもと、空手界を挙げてオリンピック種目化を目指した努力が実を結び、空手道は2020年に開催される東京オリンピックの正式種目に採用されました。空手母国である日本が、スポーツ競技としての空手道を推進した結果と言えるでしょう。

一方、海外においては、空手というものに対する全く違った見方が、意外なほどに大きく広がっているようです。それは、スポーツ競技としての空手道だけには満足できない人たちが、世界的規模で急速に増加しているということです。

筆者が所属する沖縄空手道拳法会のヨーロッパ代表を務める人物が、ラースロー・ホルシャニ氏です。このラースロー氏は現在60歳手前くらいですが、1980年代を中心に、競技空手のヨーロッパ大会において長きにわたり不動のチャンピオンとして一時代を築いた、ヨーロッパ空手界のレジェンドです。現在はハンガリー剛柔流空手道協会の会長を務めながら、自らの修練とともに後進の育成に当たっています。

そんなラースロー氏は、剛柔流拳法を学ぶため、毎年ヨーロッパ各国の弟子たちを連れて遠く沖縄を訪れるとともに、久場師をヨーロッパに招いて指導を受けています。筆者も同行させていただいたことがあります。

競技スポーツとしての空手道において、頂点を極めたと言っていいラースロー氏。その点において日本人に勝るとも劣らないスキルを持つ彼が、今なぜあえて多大な労力とお金をかけて毎年沖縄を訪れるのでしょうか。そして、我々をヨーロッパまで招くのでしょうか。

彼自身、ヨーロッパ各国に多くの弟子を持っていますが、ある時ふと考えたようです。「子供たちや若い弟子たちは、競技の中で金メダル、チャンピオンを目指して稽古を積んでいくことが大切だ。一方で、競技を引退した人、あるいは30歳を超えて空手を始める人たちに対しては、一体何を指導したらいいのか？ 空手というものは、選手を引退したらそこで終わりなのだろうか？」

「はじめに」でも記した通り、これは筆者自身が30代前半に感じたことと同じです。そしてこの疑問は、「スポーツ競技になる前の、もともとの空手とはどんなものだったのか？」ということにつながっていきました。

本書の目的の一つは、こうした疑

競技空手で一時代を築いた、沖縄空手道拳法会ヨーロッパ代表のラースロー・ホルシャニ氏（中央）

問に答えることです。競技スポーツ化の進展により失われつつある空手本来の技術が、発祥地の沖縄にはまだ残っている。しかもそれは、年齢を重ねた人たちが、競技生活を引退しても、生涯にわたって追究していける奥深い技術である。このことに、空手を愛する世界中の多くの人々が気づいた。そしてその需要は、想像以上に大きいのです。
　こうした考えを持つ指導者たちは、ヨーロッパばかりではなく、全世界に広がっています。実際、久場師は毎月のように世界の5大陸を飛び回り、沖縄の道場には毎週のように世界各国から発祥の地の技術を求めて修行者がやってきます。このことは、剛柔流拳法のみならず、沖縄の空手界全般に言えることです。
　沖縄県も、沖縄伝統空手が持つこうしたポテンシャルに気づき、県の文化観光スポーツ部に空手

2017年に開館した沖縄空手会館（豊見城市）には、
世界中から空手愛好家が集まる

沖縄には空手の名所が多数ある。写真は、船越義珍の「空手に先手なし」のモニュメント（那覇市）

振興課を設け、沖縄空手振興ビジョンを策定しました。空手発祥の地としてのブランド化事業、その一環として沖縄空手会館の建設、「空手の日」の制定、空手のユネスコ世界無形文化遺産登録を目指すなど、空手発祥の地を活かした地域振興に力を入れています。

**沖縄とハワイの観光客数の推移**

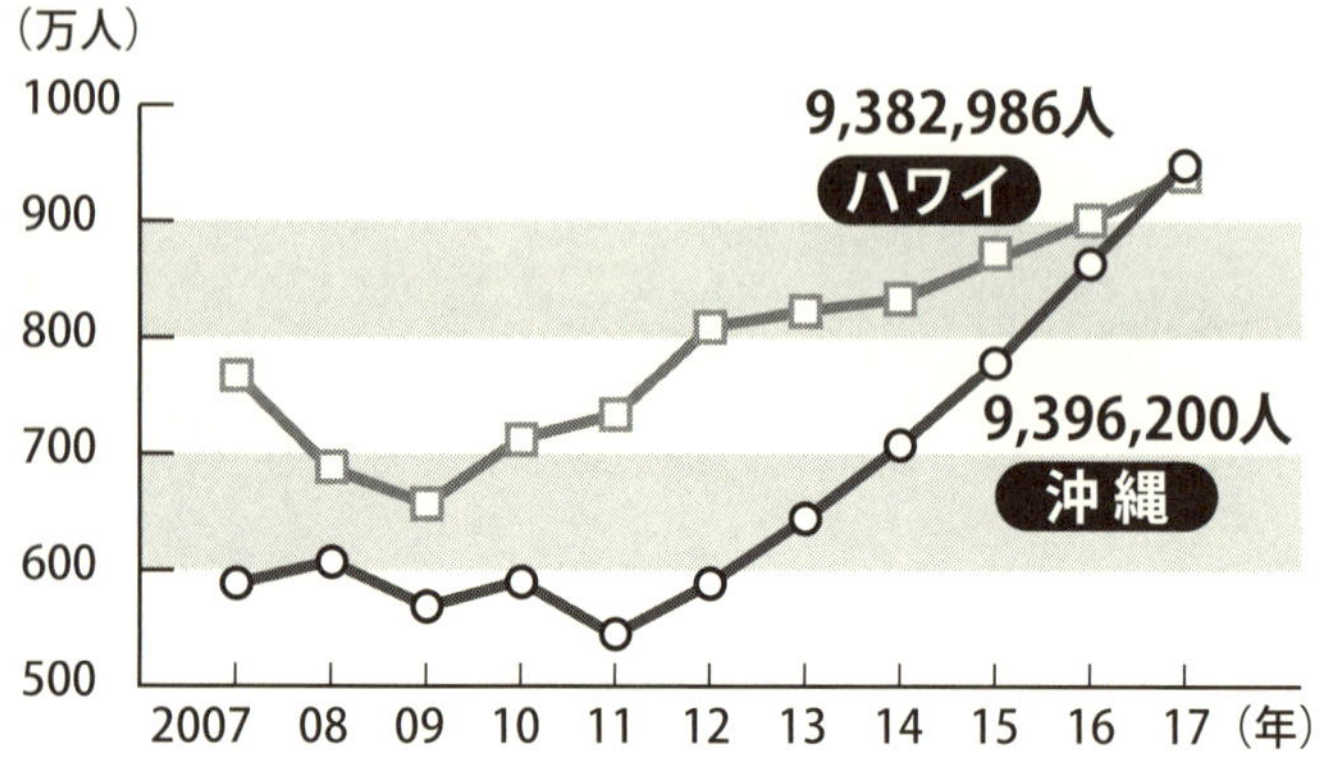


出典：WEBサイト「沖縄タイムスプラス」2018年2月2日

こうした取り組みが実ってか、２０１７年に沖縄を訪れた観光客数は、２０１８年２月発表の暫定値の時点で約９４０万人となり、ついにハワイの約９３８万人を上回りました。その後の確定値ではわずかにハワイが上回ったものの、あのハワイに肉薄しています。

空手ばかりが要因ではないのは当然ですが、筆者が実際に沖縄を行き来する中で、空手の貢献度は決して小さくないと感じています。海外において発祥地の沖縄空手を求める声は、日本人の想像を超えるほどに大きいのです。

一方、空手母国である日本においては、競技そのものが空手であると認識されていることが多いように感じられます。これは、空手を学ぶ者であっても同様かもしれません。空手が沖縄で生まれた武術であるということも、まだまだ広く浸透しているわけではないようです。

競技スポーツとしての空手道も素晴らしいものですが、現実としてルールは一つではありません。そして、ルールに縛られない武術としての空手があります。本当の意味での空手の発展を考えるなら、その歴史を知るとともに、多様性を認めることが大切でしょう。

そうしたことに気がつき、これを探求する海外の人たちからは、多くのことを教えられます。

# インド編

私が久場師とともに初めて海外指導に訪れたのはインド。アラビア海に面したインド最大の経済都市ムンバイです。

約1週間の滞在の中では、空手指導の他にも、地元の人々との交流をはじめ、大財閥ＴＡＴＡグループ主力企業の社長といったインド政財界要人宅への招待や、ゾロアスター教の結婚式への出席など、日常生活の中ではなかなか体験できない出来事がたくさんありました。

そんな貴重な体験の中でも、空手について特に印象に残ったことは、私立学校における正課としての空手の導入です。

インドに我々を招聘したのは、ビスピィ氏というインドの支部長です。彼は、人口２２００万人とも言われるムンバイ都市圏において、多くの私立学園グループに空手を正課として採用させた人物です。

我々が訪れたのは、ダスツール・スクールズという、４つの小中高等学校等からなる私立学園グループでした。ダスツール・スクールズだけで約８０００人、他の私立学園グループを含めると、ムンバイ都市圏全体で約10万人が剛柔流拳法を学んでいるとのことでした。こうした中で育った

インドのダスツール・スクールズ で指導する筆者

急遽参加したゾロアスター教の結婚式

弟子たちが、各学校に派遣されてインストラクターとして生計を立てているとのことです。空手の普及を考えた時、学校教育への導入は非常に大きな意義があり、そうした中から、空手で生計を立てていける道筋が確立されていることには驚きました。

空手史上、発祥地の沖縄における学校教育への導入に際しては、糸洲安恒先生ら先人の大変なご努力がありました。遠く離れたインドにおいて、学校教育への導入、指導者の養成、それを職業とすることまでがシステムとして確立されているのを見るにつけ、先人の先見の明を改めて感じさせられました。

一方、学校教育の場で分け隔てなく誰もが体育、スポーツとしての空手を学ぶことは、必然的に、広く社会一般においてそうした側面が空手であると認識されることにつながります。それは、空手母国日本であっても例外ではありません。

普及することには大きな意義がある一方で、体育、スポーツとしての空手を学んだ若者の中から、その奥の世界があることに気がつき、そこへ踏み込もうとする者が一人二人でも出てきた時、武術として育まれた伝統の技術を学べる場を残しておくことが重要だと感じました。

空手本来の技術を継承される沖縄の先生方に、まだ教えを乞うことができる今だからこそ、なお一層、自身の稽古に励んでいかなければならないと、改めて感じたインド遠征でした。

佐藤
佐藤
奥妙在錬心

# おわりに

「強いから教えるのではない。正しいから教える」

久場師が、その静岡支部である筆者の道場で指導された時の言葉です。

多くの人間が強さというものに憧れ、「一撃必殺」や「日本伝統武道」といった言葉に魅かれて空手の門をくぐります。

道場においては、寸止め、フルコンタクトなどルールによる違いはあれど、多くの場合、チャンピオンという頂点を目指してフィジカルを鍛え、激しい組手でぶつかり合い、自らを極限まで鍛え込んでいきます。

筆者自身、強くなりたい一心で、そんな稽古に打ち込んだ時期がありました。あの頃の鍛えが、今の自分の基礎になっていると思います。

しかし、いかなるスポーツでも、それが競技である以上、選手として限界が訪れる日がやってきます。それ以後は、体力の維持、健康の増進、あるいは後進の育成といった面での空手との関わり方もあるでしょう。

筆者がそんな転機に感じたことは、「自分には人様に指導できるようなことがあるのか?」「今の自分に何か技術は残っているのか?」ということでした。

本来空手においては、その技術のエッセンスが、基本や型の中で受け継がれているはずです。

自分自身、そうしたものが有するある種の神秘的な響きへの憧れもあり、競技選手時代から、基本や型などの稽古を大切にしてきたつもりでした。そうした稽古をしっかりやっていれば、競技生活を終えたとしても、武術としての基礎が残るはずでした。

しかし、あの頃の自分の中に、そのような武の核心があったようには思えません。競技選手時代、仮にほんの少しでも自分の中に強くなれたような感覚があったとしたならば、それはフィジカル的に追い込んだことに基づく、一種の充実感による錯覚だったのかもしれません。

もし競技選手として肉体を追い込んでいるほんのわずかな間だけ、憧れの強さに近づけるのが空手ならば、競技生活を終えたその先は、何を目指して稽古したらいいのでしょうか？

そんな時に現れたのが、当時60歳を超えていた久場良男師、50歳を超えていた新城孝弘師であり、型の動きそのままに繰り出す動きで大男たちを翻弄したことは、本書の冒頭で触れた通りです。

師匠が繰り出す技の数々は、競技ルールの中ではほとんどが禁じられるものです。「ルールの枠を外した時、空手の技はここまで奥深く広がっていくものなのか」。

これが、私の空手に対する考え方の大きな転換点となりました。競技というものは、あくまで一定のルールの中で勝敗を競うものであり、その中で有効な技術も、ルールの枠から一歩外れれば、必ずしも有効であるとは限りません。

逆に、そうしたルールにとらわれない技術が、発祥地の沖縄の空手には残っています。そもそも空手とはそういうものだったはずなのです。そして、それはあまりに奥深い。

このことに気づいてからは、習い始めたばかりの頃のように、空手が楽しくて仕方がなくなりました。実際、師匠の教えを一つも逃したくないという気持ちで、その言葉の一つひとつを、まるで詳細な議事録でも作るように書き留めていったものです。

武術としての特性もあり、本来文字に残さず口伝による伝承を基本としてきた沖縄の空手にあっては、こうした私の学び方は異質であったかもしれません。言ったことをいちいち記録されては、師匠もさぞやりづらかったことでしょう。

しかし、筆者も必死でした。師の教えをしっかりと記録することが、沖縄から遠く離れた人間が着実にその教えを身につけていくために必要でした。また、そうした記録があったからこそ、こうして本書を通じて、師の教えをさらに多くの方々に伝えることができるのです。

それはともかく、正しい稽古を重ねることで、チンクチ、ガマクといった体幹部の使い方が身についてくると、競技に没頭していた頃の自分と比べ、はるかに速く、そして威力のある技が出せるようになっていきました。

そのことを師匠に認めてもらった時の喜びは、今でも忘れられません。その時40代半ば。年齢を重ねても、稽古を積めば積むほどその技術を伸ばしていける。そうしたことを確信した瞬間でした。

筆者のような武才に乏しい人間が、競技生活を引退した後からでも、その教えに基づいて稽古を重ねていくことで、さらに上、そしてさらにその上というように、自分の中で技術を向上させていける。剛柔流拳法には、そうした上達システムが存在します。「強いから教えるのではない。

正しいから教える」とはこのことです。

剛柔流拳法を学ぶことで、毎日の稽古、日々の生活はとても充実したものになりました。そうして生涯にわたり、自らの技術向上を目指して歩んでいく。その道が武道であり、歩みの結果として磨かれていくのが精神なのだと思います。

久場師は、70代半ばに差し掛かった今でも、沖縄の拳武館で、全国各地で、そして世界中を飛び回り、自らの体を通じて剛柔流拳法を指導されています。

本書を手にしてくださった皆様が、そんな剛柔流拳法の一端に触れ、年齢を問わず、空手を学ぶことの面白さ、楽しさ、素晴らしさを少しでも感じていただけたならば、筆者にとってこれほど幸せなことはありません。読者各位の研鑽をお祈りするものです。

最後になりましたが、師匠の久場良男先生、新城孝弘先生、かつて家伝の古武道をご指導いただいた大沼州彦先生に、この場を借りて心より御礼申し上げます。

令和元年10月

剛柔流拳法師範　佐藤哲治

**著者◎佐藤 哲治**　Sato Tetsuji

1971 年生まれ。沖縄空手道拳法会静岡県支部・剛琉館館長。剛柔流拳法師範。本土の空手を学んだ後、沖縄古伝剛柔流空手拳法の久場良男師、新城孝弘師に師事。沖縄と地元の御殿場市を行き来しながら、自らの修練とともに、国内外を通じて指導にあたっている。

写真撮影協力●芦口健、梅川竜一、斎藤将己
写真撮影●中島ミノル
本文デザイン●澤川美代子
装丁デザイン●やなかひでゆき

沖縄古伝 剛柔流拳法で解く！
# 空手の不思議
これで本当に戦えるの？
不合理に見える空手の基本技。その真の凄さとは！

2019年11月5日　初版第1刷発行

著　者　　佐藤哲治
発行者　　東口敏郎
発行所　　株式会社BABジャパン
〒151-0073 東京都渋谷区笹塚1-30-11　4・5F
TEL 03-3469-0135　FAX 03-3469-0162
URL http://www.bab.co.jp/
E-mail shop@bab.co.jp
郵便振替 00140-7-116767
印刷・製本　中央精版印刷株式会社

ISBN978-4-8142-0234-8 C2075

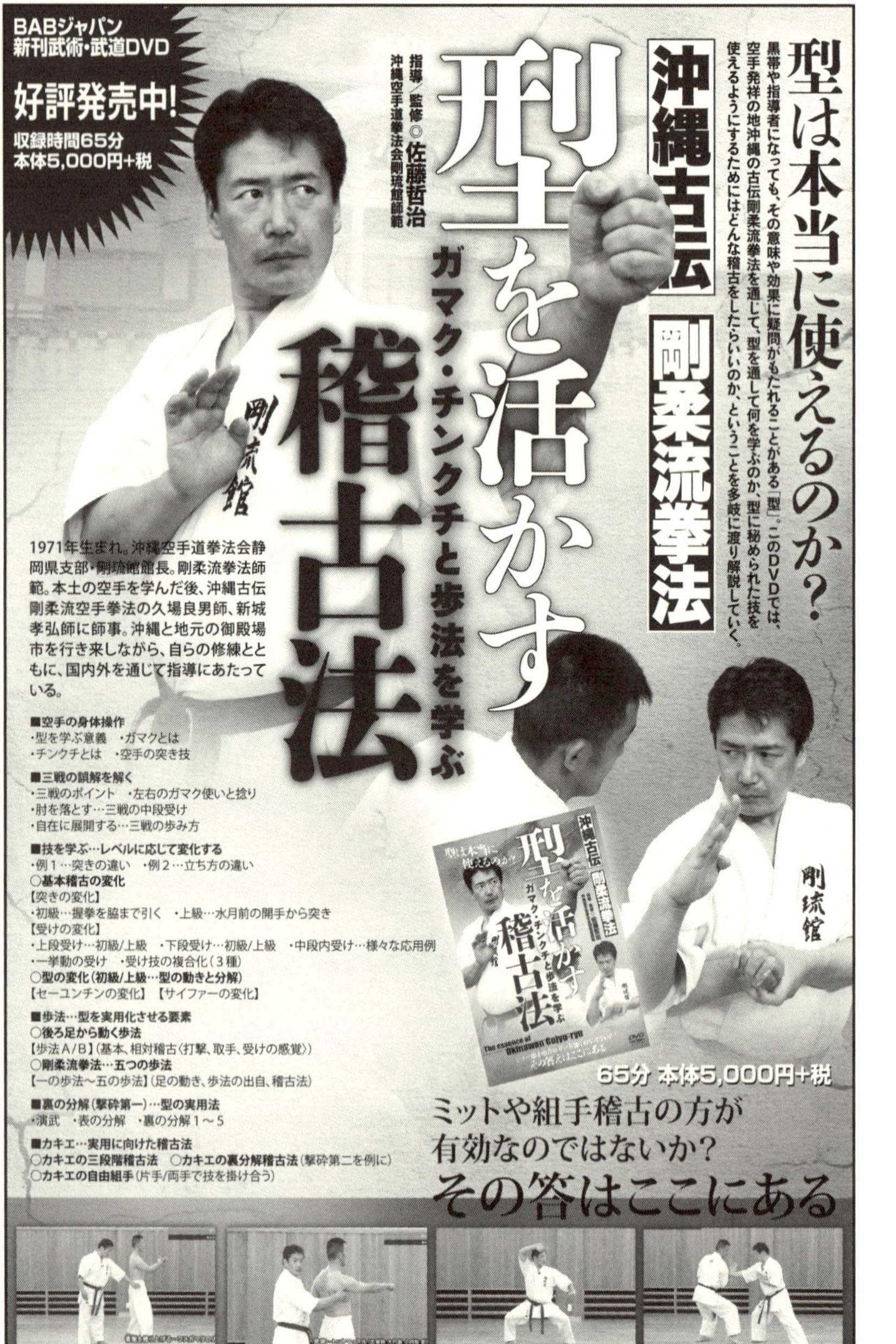
BABジャパン
新刊武術・武道DVD
好評発売中!
収録時間65分
本体5,000円+税
型は本当に使えるのか?
黒帯や指導者になっても、その意味や効果に疑問がもたれることがある「型」。このDVDでは、空手発祥の地沖縄の古伝剛柔流拳法を通じて、型を通して何を学ぶのか、型に秘められた技を使えるようにするためにはどんな稽古をしたらいいのか、ということを多岐に渡り解説していく。
沖縄古伝
剛柔流拳法
型を活かす
稽古法
ガマク・チンクチと歩法を学ぶ
指導/監修◎佐藤哲治
沖縄空手道拳法会剛琉館師範
1971年生まれ。沖縄空手道拳法会静岡県支部・剛琉館館長。剛柔流拳法師範。本土の空手を学んだ後、沖縄古伝剛柔流空手拳法の久場良男師、新城孝弘師に師事。沖縄と地元の御殿場市を行き来しながら、自らの修練とともに、国内外を通じて指導にあたっている。
■空手の身体操作
・型を学ぶ意義　・ガマクとは
・チンクチとは　・空手の突き技
■三戦の誤解を解く
・三戦のポイント　・左右のガマク使いと捻り
・肘を落とす…三戦の中段受け
・自在に展開する…三戦の歩み方
■技を学ぶ…レベルに応じて変化する
・例1…突きの違い　・例2…立ち方の違い
○基本稽古の変化
【突きの変化】
・初級…握拳を脇まで引く　・上級…水月前の開手から突き
【受けの変化】
・上段受け…初級/上級　・下段受け…初級/上級　・中段内受け…様々な応用例
・一挙動の受け　・受け技の複合化(3種)
○型の変化(初級/上級…型の動きと分解)
【セーユンチンの変化】【サイファーの変化】
■歩法…型を実用化させる要素
○後ろ足から動く歩法
【歩法A/B】(基本、相対稽古〈打撃、取手、受けの感覚〉)
○剛柔流拳法…五つの歩法
【一の歩法~五の歩法】(足の動き、歩法の出自、稽古法)
■裏の分解(撃砕第一)…型の実用法
・演武　・表の分解　・裏の分解1~5
■カキエ…実用に向けた稽古法
○カキエの三段階稽古法　○カキエの裏分解稽古法(撃砕第二を例に)
○カキエの自由組手(片手/両手で技を掛け合う)
65分 本体5,000円+税
ミットや組手稽古の方が
有効なのではないか?
その答はここにある

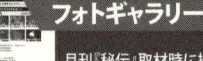

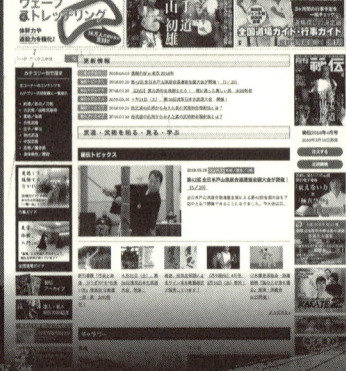

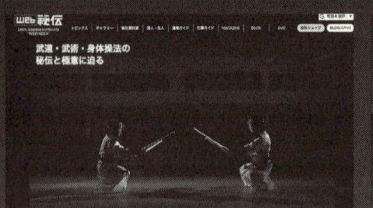